鄂西生态文化旅游研究中心、武陵山片区农村贫困问题重点研
湖北民族学院博士启动基金项目资助（MY2015B029）
恩施土家族苗族自治州2016年科技研发指导性项目研究成果
湖北民族学院省属高校优势特色学科群应用经济学学科建设经费

经济管理学术文库·经济类

民族自治地区财政运行研究
——来自恩施州的实践

A Study on Fiscal Operation in Ethnic
Autonomous Areas
—The Practice From Enshi

张建忠　卢秋声／著

经济管理出版社
ECONOMY & MANAGEMENT PUBLISHING HOUSE

图书在版编目（CIP）数据

民族自治地区财政运行研究：来自恩施州的实践/张建忠，卢秋声著. —北京：
经济管理出版社，2017.8
ISBN 978-7-5096-5322-7

Ⅰ.①民… Ⅱ.①张… ②卢… Ⅲ.①民族自治地方—地方财政—财政管理—
研究—恩施土家族苗族自治州 Ⅳ.①F812.763.2

中国版本图书馆 CIP 数据核字（2017）第 211528 号

组稿编辑：杨国强
责任编辑：杨国强　张瑞军
责任印制：黄章平
责任校对：雨　千

出版发行：经济管理出版社
　　　　　（北京市海淀区北蜂窝 8 号中雅大厦 A 座 11 层　　100038）
网　　　址：www. E-mp. com. cn
电　　　话：(010) 51915602
印　　　刷：玉田县昊达印刷有限公司
经　　　销：新华书店
开　　　本：720mm×1000mm/16
印　　　张：15
字　　　数：208 千字
版　　　次：2017 年 8 月第 1 版　　2017 年 8 月第 1 次印刷
书　　　号：ISBN 978-7-5096-5322-7
定　　　价：58.00 元

序 言

　　我国对公共财政问题的研究，是与社会主义市场经济体制的建立相适应的。市场经济模式的确定，使公共财政改革和实践逐渐成为财政领域的热点。我国的公共财政建设于 1998 年在全国财政工作会议中第一次提出，自此，建立健全公共财政体制成为中国财政改革和发展的明确定位。党的十五届五中全会（2000 年）将建立公共财政的初步框架作为"十五"期间财政改革的重要目标。此后，十六届三中全会（2003 年）、五中全会（2005 年）、十七大（2007 年）、十七届五中全会（2010 年）、十一届人大四次会议（2011 年）发布的一系列决议和文件中，多次明确提出："进一步健全和完善公共财政制度"、"加快公共财政体系建设"、"完善公共财政体系"、"健全公共财政体系"。公共财政建设问题得到前所未有的重视。财政改革的目标明确，加快了公共财政改革的步伐。公共财政建设作为改革开放以来主导中国财税体制改革进程的重要线索，正在由理论层面的探讨日益深入地转变为现实中财税改革的实践和操作，中国已经步入全面和全力建设公共财政时代。

　　地方财政是国家财政的重要组成部分，实现地方财政向公共财政的转变是我国公共财政改革的重要内容。相对于中央财政而言，地方财政在提供本区域公共产品方面，具有不可替代的优越性。地方公共财政的发展，是一个现实的问题，不仅有利于地方经济社会的发展，而且对国家财政经济的稳定和壮大具有十分重要的意义。地方公共财政制度的建立要在国家统一的财政制度和发展要求的框架下，根据区域经济的发展和地方公共产品及公共服务的要求，创建具有地方特色的公共财政体系。在公共财政体系的要求下，全国各地都开始了地方公共财政的实践，有成功的实践，也遇到不少困难。地方公共财政体系的建立，不仅是调整支出结构，而且是涉及全方位的理念和行为的根本改变。建立健全地方公共财政体系，必须重构地方政府与市场的关系，转换政府职能，按照一级政府权、一级事权、一级财权、一级税基、一级预算、一级举债的原则，完善分级财政。目前，地方公共财政改革和发展的目标在于基本公共产品服务均等化，为地方全体公民提供基本公共产品服务，满足公民对义务教育、医疗、住房、治安、就业、社会保障、基础设施、环境保护等方面公共服务的需求，要求基本公共服务在区域内有统一的制度安排。地方政府所提供的公共产品服务是一种特殊意义上的准公共产品，主要在特定区域内发挥作用，是地方政府职能的充分体现。

民族自治地区财政属于地方财政，具有地方财政的一般特征。从根本上讲，民族自治地区财政是要从财力上保证少数民族地区经济的发展，提高少数民族的物质文化生活水平，实现各地区各民族的共同富裕。民族自治地区地方各级政府执行国家统一的财政政策、财政方针、财政制度，保证完成中央规定的各项财政任务，这是民族自治地区财政与一般地方财政的共同点。民族自治地区财政是民族自治地方政府为了实现国家赋予的职能和行使自治权力，在中央统一领导下，自主组织财政收入，统筹分配财政资金而形成的以自治权为核心的特殊利益分配关系。《中华人民共和国宪法》和《中华人民共和国民族区域自治法》均对民族自治地方的财政自治权做了专门规定。民族自治地区财政从根本上讲属于地方财政，是国家财政的组成部分。民族自治地区财政运行带有显著的民族特性，这是民族自治地区财政与一般地方财政的区别。因为这种民族特性，新中国成立以来，中央对民族自治地区一直实行照顾性财政政策。我国财政管理体制几经改变，民族自治地区的财政政策也随之进行调整，但"照顾性"始终贯穿其中。民族地区财政的特殊性既有历史的原因也有现实的原因，但归根结底，是由少数民族地区政治、经济本质所决定的。少数民族地区财政不仅代表中央政府和民族地区的利益关系，还代表各民族内部的利益关系，肩负缩小民族间差距，发展少数民族地区经济、政治、文化，推动少数民族地区进步的历史责任。财政自治权是少数民族地区财政区别于一般地方财政的显著特征，充分体现了国家尊重和保护各少数民族管理本民族地方财政自治权的精神。

民族自治地区财政区域范围包括自治区财政、自治州财政和自治县（市）财政。本书的民族自治地区财政研究的是自治州财政，以恩施土家族苗族自治州（以下简称恩施州）财政为例。恩施州地处湖北西南，1983 年经国务院批准正式成立，是中国最年轻的自治州。经过近 30 年尤其是近 10 年西部大开发发展，整个地区经济发展较快，财政收入和支出以较大幅度增长。但因为整体经济基础比较落后，加上民族自治地区财政的特殊性，其财政运行情况仍然存在很多问题。这些问题主要集中在：①财政收入增长较快但规模较小，财源建设滞后，财政收入中有大量非即期收入和特殊性、政策性收入，财政收入难以稳定；分税制财政体制改革没有考虑民族地区实际情况，税权的划分和共享税的分成比例及税收增收返还系数的确定对民族地区没有单独考虑，导致民族地区财政收入增长乏力。②财政支出需求多，支出结构复杂，财政支出中非生产性支出增长过快，建设性资金投入严重不足，严重制约着少数民族经济生活的发展。③财政自给率低，严重依赖上级转移支付。转移支付不规范，随意性大，缺乏监管。④城乡基本公共服务差别过大，农村公共产品供应严重短缺，地方财政实质是城市财政。⑤区域经济发展严重滞后，百姓生活仍很落后，财政未能有效发挥促进地方经济发展的作用。

民族自治地区财政运行研究

本书以恩施州财政运行的实践研究财政管理体制的演变对地方公共财政建设的影响。主要研究内容为：①民族自治地区财政运行的特殊性，分析影响民族自治地区影响财政运行的主要因素。②财政运行主要是通过衡量财政收支状况，财政收入满足支出需要的程度进行分析。恩施州财政运行状况主要从财政收支的规模和结构进行分析。③在总体上分析恩施州财政运行状况时，采用财政健康进行测算。本书在研究恩施州财政健康时，引入了财政运行的民族特性，按照顾性财政政策变化对恩施州财政运行的影响分为标准财政健康和实际财政健康。结果表明，在分税制实行前，恩施州财政健康不断改善。而分税制实行后，恩施州财政健康陷于困境。财政健康的变化验证了财政运行状况的变化。④为促进财政健康运行，首先应重新审视财政运行的特殊性，寻求影响财政运行状况的民族因素；其次落实财政自治权，把客观存在的法定权利变成现实存在的权利；最后调整和规范转移支付制度，以科学合理的方法明确转移支付额度。

本书由张建忠和卢秋声研究并执笔完成。张建忠负责研究设计、数据整理分析，完成 14 万余字。卢秋声协助研究设计、数据收集整理、协助分析，完成 6 万余字。本书在写作过程中得到了鄂西生态文化旅游研究中心、国家连片特困地区（武陵山片区）农村贫困问题重点研究基地、恩施州科技局、恩施州财政局、湖北民族学院等单位资助，在此深表感谢！

目　录

第一章 导 论

第一节 选题背景及研究意义

一、选题背景

我国是一个统一的多民族国家,"民族问题始终是建设中国特色社会主义必须处理好的一个重大问题"。中华人民共和国成立至今,国家对民族自治地区经济社会的发展一直不遗余力地大力扶持,民族自治地区财政运行的历史就是中央对民族自治地区的"扶贫"历史,民族自治地区财政始终没有摆脱"扶贫财政"。相关的理论研究一直没有引起重视或研究不够,仅有的一些研究主要集中在对我国民族政策和民族自治政策方面。对民族自治地区财政运行的研究,大多集中在财政运行的某一方面,如对财政收入、财政支出或转移支付等的研究。

民族自治地区财政从根本上讲属于地方财政,是国家财政的组成部分。民族自治地区财政从财力上保证少数民族地区经济社会的发展,提高少数民族的物质文化生活水平,实现各地区各民族的共同富裕。民族自治地区地方各级政府执行国家统一的财政政策、财政方针、财政制度,保证完成中央规定的各项财政任务,这是民族自治地区财政与一般地方财政的共同点。由于民族自治地区财政运行是在特殊的社会经济基础和制度环境下进行的，因此其财政运行具有自身的特殊性，具有特殊的运行规律和特点。民族自治地区财政运行的特殊性既有历史的原因也有现实的原因，但归根结底，是由少数民族地区政治、经济、社会本质所决定的。民族自治地区财政不仅代表中央政府和民族地区的利益关系，还代表了各民族内部的利益关系，肩负缩小民族间差距，发展少数民族地区经济、政治、文化，推动少数民族地区进步的历史责任。

长期以来，民族自治地区一直享受中央和上级政府的照顾性财政政策，1994 年财政体制改革后，民族自治地区财政管理体制并入"大一统"的财政管理体制，与一般地方财政管理体制并无区别。照顾性财政政策的改变，旨在激励民族自治地区公平参与市场竞争，提高民族自治地区财政能力。"一刀切"的财政管理体制，使得民族自治地区财政面临着前所未有的压力，运行良好的财政反而备受桎梏，《宪法》和《民族区域自治法》赋予的财政自治权因为统一的财政管理体制而得不到实施。虽然针对民族自治地区薄弱的经济基础和财政能力，中央给予了大量有针对性的转移支付照顾，但民族自治地区的财政运行仍然受到限制，整体机制运行不顺，财政健康状况不仅没有得到提高，反而有所下降。

民族自治地区在我国有自治区、自治州、自治市（县），财政范围也对应区域划分层次。本书的民族自治地区财政研究的是自治州财政，以恩施州财政为例。

恩施州地处湖北省西南，1983 年经国务院批准正式成立，是中国最年轻的自治州。经过近 30 年尤其是近 10 年西部大开发发展，整体经济发展较快，财政收入和支出也以较大幅度增长。但由于历史和地理原因，整体经济基础比较落后，加上民族自治地区财政的特殊性，其财政运行情况仍然存在很多问题。这些问题主要集中在：第一，采用与一般地方财政运行相同的运行机制，没有考虑恩施州实际情况，对财政运行的特殊背景认识不足；第二，除了享有比一般地方财政更多的转移支付资金外，对《宪法》和《民族区域自治法》赋予的财政自治权了解不够充分，被动接受，财政自治权名存实亡；第三，对财政支出总体规模没有准确测量，支出结构复杂，需求较多，基本公共服务均等化难以实现；第四，财政收入规模偏小，尤其是自有财力不足；第五，对财政运行的特殊性认识不足，特殊事权界定不清，转移支付不够规范。

恩施州财政运行存在上述问题的原因是多方面的，但追根溯源，还是制度问题。这种制度问题，有宏观方面的，也有微观方面的。宏观上，现行财政管理体制削弱了恩施州财政能力，财政支出严重依赖上级转移支付，地方缺乏积极性和主动性。微观上，恩施州面对复杂的地方环境，基本公共服务提供的政府主导机制长期以来一成不变且具有主观性和随意性。我国公共财政改革理念已经深入人心，在全国初步建立了公共财政基本框架。目前，对于公共财政的目标模式、框架结构和发展方向等问题已经比较明晰，对于如何建立公共财政体系，则没有固定的模式。因此，应对恩施州财政运行进行中存在的问题进行分析，结合恩施州特殊情况，积极探索，总结经验，开创促使恩施州财政健康运行的地方公共财政新局面。

二、研究的意义

研究恩施州财政运行属于地方财政的个案研究。从历史和现实的视角对恩施州财政运行进行规律性的把握，探索一条完善地方公共财政体系建设、利用财政政策促进恩施州经济社会发展的改革之路。同时，恩施州财政归根结底属于地方财政，对其进行研究，不仅能丰富地方财政理论，也能丰富民族理论。去除其中的民族因素，对一般地方财政运行也有很好的借鉴作用。

恩施州地处我国内陆，除了地理位置外，具有典型的民族自治地区特征。通过对恩施州财政运行的特殊环境的研究，全面把握恩施州财政运行和财政健康状况，寻求恩施州财政运行的影响因素。受民族因素的影响，恩施州基本公共服务需求复杂且多样，与一般地方基本公共服务不同，也区别于其他民族自治地区，带有典型的自身特征。这种个案的研究，可以更好地让我们认识到恩施州财政运行的特殊性：既特殊于一般地方财政，又特殊于其他的民族自治地区。

民族自治地区实行差别财政管理体制，不仅表现在国家在财政资金上的大力扶持，还表现在不同时期，根据国家整体社会经济状况享受不同的照顾性财政政策。《宪法》和《民族区域自治法》还赋予了民族自治地区财政自治权。这种"特权"在一定时期内对地方财政的良好运行发挥了十分重要的作用。但在现行财政管理体制下，照顾性财政政策已经被取消，财政自治权名不副实，各民族自治地区也没有引起根本的重视。分税制实行后，民族自治地区财政运行困难不断加剧，可能超越财政收入安排财政支出，财政健康状况不断恶化。通过对分税制实行前后恩施州财政运行和财政健康状况的研究，探索财政整体运行困难和财政健康恶化的原因，寻求具体解决思路和方法，不仅可以为其他民族自治地区提供参考，也可以为国家制定财政政策提供依据，具有良好的理论和现实意义。

第二节　文献研究综述

一、关于民族自治地区财政的概念界定

对民族自治地区财政概念的界定，学术界大多肯定民族自治地区财政在属于地方财政基础上，带有民族性或自治性。戴小明（2000）认为，民族自治地区财政是民族自治地区地方政府为了实

现国家赋予的职能和行使自治权力，在中央统一领导下，自主组织财政收入、统筹分配财政资金而形成的以自治权为核心的特殊分配关系。樊丽明、李齐云（2001）认为，民族自治地区财政是国家财政不可分割的、重要的组成部分，属于地方财政范畴，但它又不同于一般的地方财政，而是区域自治地方财政。朱红琼（2009）认为，民族自治地区财政是伴随着民族区域自治权的产生而产生的。梁积江（2009）认为，民族自治地区财政是在财政的一般含义上赋予它以民族自治和区域自治的新内容。从对民族自治地区财政概念界定的研究可以看出，学术界对于民族自治地区财政的定义有两点共识：一是民族自治地区财政属于地方财政，必须执行国家的财政政策，发挥财政的职能作用；二是民族自治地区财政不同于一般的地方财政，具有自身的特殊性。

二、民族自治地区基本公共服务

目前已有的研究中，对民族自治地区基本公共服务的研究很少，大多集中在民族自治地区基本公共服务的分类、基本公共服务供给机制、基本公共服务供给问题方面。

对民族自治地区基本公共服务概念进行界定的仅有郭喜、黄恒学（2011）提出的在一定时间内由民族自治地区居民消费享用的公共服务，属于地方性公共产品。但民族自治地区基本公共服务与一般地方公共服务相比，具有更强的外溢性。不难看出，在对民族自治地区基本公共服务进行界定时，与民族自治地区财政一样，加入了民族这个特性。

对民族自治地区基本公共服务的分类，具有代表性的是李学军、刘尚希（2007）对新疆维吾尔族自治区基本公共服务的分类，分为基本公共服务即内部事权；外溢性公共服务，惠及周边居民；代理性公共服务，即本应由中央承担的公共服务，有很强的全国范围受益性。王倩倩（2009）在此基础上，利用柯布—道格拉斯生产函数建立模型，判断中央与民族自治地区在提供基本公共服务时的责任大小，对基本公共服务进行明确分类。郭佩霞、朱明熙（2009）从效率的角度提出了民族自治地区基本公共服务的分类，强调了分类时的民族自治地区的特殊背景与功能区定位要素。在对民族自治地区基本公共服务进行分类时，多数学者选择的分类方式基本是一致的，即民族自治地区基本公共服务除了内部事权如义务教育、公共卫生、基础设施、社会保障等外，还提供了涉及民族文化、宗教保护、语言、社会稳定、边疆建设、生态环境等特殊公共服务。这些特殊公共服务带有典型的民族特性，且带有外溢性。受益范围涉及周边地区，也可能覆盖全国。

对于民族自治地区基本公共服务的供给，大多研究认为民族自治地区基本公共服务的提供是政府主导型，存在基本公共服务界定不明确、供给不均衡等问题。李俊清（2006）首先对民族自治地区基本公共服务供给进行分析，认为基本公共服务存在供给短缺问题。郭佩霞、朱明熙（2011）认为，在短期内对民族自治地区基本公共服务完全界定不具有可操作性，应该在当下基本公共服务范畴内做适当"加"、"减"，根据民族自治地区实际情况增加必需的基本公共服务或减少与区域发展目标不相符的、短期内暂无必要的项目。同时认为在基本公共服务的供给机制上，政府承担主导作用，利用激励机制引进市场参与。郭喜、黄恒学（2011）认为，民族自治地区基本公共服务的供给存在体制不完善、总量不足、结构不合理等问题，需要中央政府在供给体制、供给总量、供给结构、供给监督等方面采取有效对策。一些学者提出了要提高民族自治地区基本公共服务的供给效率，如张效科（2009）提出了提高民族自治地区基本公共服务提供效率的思路。何茜华（2011）提出构建基本公共服务多元化来提高财政资金使用效率。总的来说，民族自治地区基本公共服务的供给方面，面临着基本公共服务界定不明、供给总量不足、结构失衡等问题，供给机制上长期以来一直是政府主导，缺乏效率，主张基本公共服务提供多元化。

对于民族自治地区基本公共服务均等化的研究，刘尚希（2007）指出："民族自治地区基本公共服务到底是什么状况，外界不知道；要加强研究，把基本事实让外界知道。"此后，对民族自治地区基本公共服务均等化的研究开始增加。如程全功、程蹊（2008），张序、方茜（2009），范亚舟、余兴厚、刘斌（2010），谭彦红（2010），刘梅（2010），贾亚男、赵国春（2010），赵晓华（2011），他们的研究基本集中在民族自治地区基本公共服务的内容、存在问题及解决路径方面。也有学者从转移支付角度来分析民族自治地区基本公共服务均等化的实现，如雷振扬、成艾华（2009），赵楠、成艾华（2010），吴旭东、王建聪（2011）。

从已有的对民族自治地区基本公共服务研究中可以看出，大多学者对民族自治地区基本公共服务的界定只是简单地在一般地方基本公共服务上加入民族这个特性，没有独特的见解。对民族自治地区基本公共服务的内容，大多赞成根据各民族自治地区实际情况按需要来界定。对民族自治地区基本公共服务均等化，大多认为应该包含四个方面：一是缩小与发达地区差异；二是缩小民族自治地区内部差异，逐步实现城乡之间、强势群体和弱势群体之间差异；三是基本公共服务存在结构性不均等，应分主次调整；四是民族自治地区基本公共服务均等化是一个长期过程，短时期内无法实现，应分阶段、分层次解决。

三、民族自治地区财政自治权

最早对民族自治地区财政自治权进行研究的是戴小明（1997），其指出民族自治地区财政自治的客观基础、法律依据及实践中存在的问题。此后，他在 2000 年撰文阐述了民族自治地区财政的基本内涵、构成、地位及特点，2001 年又讨论了财政自治在我国的实践及类型，同时界定了民族自治地区财政自治权限及范围。此后，对民族自治地区财政自治权的研究开始逐渐增多。于文萍（2002）提出财政自治是民族区域自治制度的必然要求，李元国（2006）、乌兰那日苏（2007）研究了民族自治地区税收自主权。周中学（2007）、牛晶晶（2007）、金燕翔（2008）对民族自治地区财政自治权的产生背景、内容做了详细论述，宋隽（2006）、郭翔（2010）指出民族自治地区财政自治权实现的困境表现。这些研究主要集中在民族自治地区财政自治权的产生背景、内容、问题等方面。段晓红（2007）从民族自治地区财政自治权的演变来探讨财政自治权的法律保障。宋才发（2009）在其著作《中国民族自治地区经济社会发展自主权研究》中，对民族自治地区财政自治权也做了详细全面的阐述。这些研究肯定了财政自治权在民族自治地区发展中的重要作用，同时也对分税制后民族自治地区财政自治权名不副实的情况进行了分析，提出了落实财政自治权的建议。

四、财政健康

Ladd 和 Yinger 在 1991 年分析美国 70 个中心城市的财政运行状况时，采用了财政健康这一指标体系。国内王德祥、李建军（2010）通过借鉴这一研究方法，对湖北省 52 个县市在"省管县"推行后的财政健康进行实证研究，得出"省管县"后县市财政运行呈健康发展态势。之后李建军、谢欣（2011）通过进一步研究，得出"财政分权"和"省管县"的财政改革提升了县市财政健康水平。对财政健康的其他研究，刘军民（2007）、高进水（2009）从财政收支方面着手，对影响地方财政健康的体制、政策因素进行了分析。

五、民族自治地区财政收支

民族地区财政收入研究课题组（2003）对甘肃民族自治地区财政收入进行了研究，指出民族自治地区财政收入增长困难。张冬梅

（2006）对民族自治地区财政支出结构进行分析发现，民族自治地区财政支出增长快、支出种类多、支出结构不合理。朱红琼（2009）对民族自治地区财政支出理论、财政支出结构及优化进行了研究，从全国的层面分析了民族自治地区财政支出和财政收入。吴小军（2007）对民族自治地区财政收支进行了阐述，指出民族自治地区财政收入增长率低，财政自给率仅为全国的一半，财政收入集中在极少数行业；民族自治地区财政支出总量小，支出结构不合理。从对民族自治地区财政收支的研究中可以看出，民族自治地区财政收支情况比一般地方财政更为复杂。财政支出需求大，不同民族自治地区财政支出重点不一样，支出效率不高。财政收入总量小，增长困难。

六、民族自治地区转移支付

学术界关于民族自治地区转移支付制度的研究大量涌现在西部大开发过程中。张筱风（2003）考证了西藏自治区转移支付的实施背景，分析了实施转移支付制度的理论依据，指出西藏转移支付中存在的问题并提出对策。同样以案例为研究方法的王浩军（2005）分析了甘肃民族地区转移支付存在的问题并提出完善建议。以转移支付制度变迁为出发点，评述民族自治地区转移支付过程和现状，从制度层面提出构建民族自治地区转移支付机制的有赵大有（2007）、王玉玲（2008）、马海涛（2009）。大多数学者在研究方法上都采用对策研究，如王朝才、王继州（2004），马建霞（2007），梁积江、黄勇（2003），雷振扬（2007）等，他们对民族自治地区转移支付存在的问题进行分析，提出规范转移支付的对策建议。也有学者运用了国际比较研究方法，如王迎春（2003）提出要借鉴美国等国家转移支付经验，规范我国中央对民族自治地区的转移支付。雷振扬、成艾华、李俊杰（2008）从横向和纵向两个方面分析了民族自治地区转移支付的均衡效应，指出转移支付结构上存在问题并提出对策建议。此外，也有从转移支付效应对民族自治地区转移支付进行分析的，如吴乐珍（2011）对税收返还、专项转移支付、一般转移支付进行分析后发现，税收返还与专项转移支付具有逆均等化效应，主张逐步取消税收返还和调整专项转移支付，加大一般转移支付力度。从现有的研究看，学术界对民族自治地区转移支付的研究集中在存在的问题、原因及对策方面，研究方法比较单一。

七、民族自治地区财政政策

王令之、李泳（1996）最早展开对完善民族自治地区财政体制、促进民族自治地区经济发展的研究。之后西部大开发中同时涌现出大量的民族自治地区财政政策方面的研究，这些研究多集中在将西部大开发与中央对民族自治地区的财政支持紧密结合起来。罗莉（2001）认为，西部大开发是民族自治地区发展的新机遇，国家在制定财政、税收、金融、资源开发等政策时要依据《民族区域自治法》充分体现民族自治地区的利益。类似的研究还有何高娃（2001）、陈宜（2001）。但大多数学者研究的方向还是集中在西部大开发中的财税优惠政策上，如王小焕（2007），张波、李敬（2009），许文（2010）。也有从西部大开发的财税效应来分析财政优惠政策的，如于海峰、赵丽萍（2010），闫龙飞、张天舒（2010）。李慧英（2005）对西部大开发中民族地区财政政策进行了研究。朱红琼（2009）在对民族自治地区财政政策的研究中还提出了民族自治地区的生态补偿机制，同时提出促进民族自治地区协调发展的财政政策。稽明（2011）研究了促进民族自治地区经济发展的财政政策。梁积江（2009）从公共财政保障制度着手，提出完善民族自治地区公共财政制度的思路与对策。王飞跃（2008）以贵州省为例，从公共政策视角提出促进民族自治地区城乡统筹发展的财政政策。这些研究主要将西部大开发、中央对民族地区的财政支持及民族地区的发展状况联系起来，以财政政策如何缓解民族地区财政困难，推动民族地区经济和社会发展为主。这些研究均是从某个角度出发，分析现行财政政策对民族自治地区的影响，进而提出具体建议。

总的来说，现有对民族自治地区财政运行的研究大多集中在对某一民族自治地区的某一类财政问题进行研究，即个案研究。其研究的时间集中在我国民族政策和发展中的民族自治地区财政政策变化时期。在研究中得出的统一结论是：第一，民族自治地区财政运行具有自身特殊性，不同的民族自治地区这种特殊性各不相同；第二，民族自治地区财政自治权名不副实，自治机关缺乏主动性和创造性；第三，民族自治地区财政运行带有自身的规律性，财政收入总量小，增长缓慢，超越财政收入的可能安排财政支出，财政支出严重依赖转移支付，支出结构不合理；第四，民族自治地区财政运行状况不断恶化，财政能力偏弱；第五，民族自治地区应根据其自身实际情况完善财政政策。与之相反，在对民族自治地区财政的研究中无法统一的是：第一，缺乏规律性把握，整体财政运行缺乏实证分析；第二，财政运行和财政健康状况恶化仅从收不抵支来研究缺乏说服力，实际财政收入汲取能力和公共服务提供能力没有具体分析；第三，对财政收支最优规模缺乏理论和实证研究，特殊事权界定不明，对照顾性财政政策对民族自治地区财政运行的作用没有具体分析，财政自治权研究不够深入。

第三节　研究思路、方法

一、研究思路

本书主要以恩施州财政运行为研究对象，以恩施州财政运行的社会经济基础及制度环境为出发点，以照顾性财政政策的变化对财政运行的影响为研究主线，分析恩施州财政运行和整体财政健康状况。

由于恩施州财政运行受民族因素的影响，中央长期对恩施州实行照顾性财政政策。照顾性财政政策的实行，使得恩施州财政运行带有自身的特殊性。分税制财政管理体制的制定和实施，没有充分考虑这种特殊性。照顾性财政政策的取消使财政运行和财政健康状况不断恶化。本书研究恩施州财政运行和财政健康在分税制实行前后的变化及其原因，寻求促进恩施州财政健康运行的对策。

在具体研究中，通过对恩施州 1983~2012 年财政运行进行梳理，从建州 30 年的历史及现实视角分析恩施州财政运行状况。期间刚好两个跨度，即 1983~1993 年与 1994~2012 年。财政运行经历了从"特殊"到"一般"，由差别的财政管理体制到"大一统"的财政管理体制，本书分析这种财政管理体制的变化对财政运行状况的影响。

二、研究方法

本书的研究主要在区域经济发展和制度经济学、福利经济学、计量经济学等多学科理论的指导下，结合恩施州 1983~2012 年有关统计数据，对恩施州财政运行进行分析。

(一) 基本公共服务理论

作为一种系统的理论，基本公共服务理论最早出现于 19 世纪 80 年代，是以适应国家干预经济需要而确立的理论，从理论上解释了政府弥补市场失灵与市场经济活动相互补充为一体，直接表现在政府为市场提供基本公共服务。由于基本公共服务具有不可分割性、非排他性和非竞争性的特征，导致公共品市场调节的失灵，从而必须由政府提供。恩施州财政健康运行，关键在于恩施州自治机关根据本地区的实际需要，提供适合于本地区的基本公共服务。但"一刀切"的分税制财政管理体制，并没有考虑恩施州财政运行的特殊性，其财政管理体制与一般地方财政管理体制并无差别，使得恩施州基本公共服务缺乏实际效率。

（二）公共选择理论

20世纪60年代产生于美国的公共选择理论是一个重要的现代政治经济学研究领域，主要研究作为市场上主体的理性人的假设。利用公共选择理论，可以将政府作为一个追求自身利益最大化的经济人，解释其在地方财政运行中的行为。公共选择理论运用在恩施州财政运行中，可以更好地分析恩施州财政自治权的落实及基本公共服务的需求和供给。

（三）区域经济学理论

20世纪50年代至70年代形成并逐步发展起来的区域经济发展理论，可以很好地解释民族自治地区与非民族地区之间的发展差距。民族自治地区财政健康运行，可以促进地方经济社会的发展，完善财政体制的建设。

（四）新制度经济学

新制度经济学是一门以制度为研究对象的经济学，坚持传统主流经济学的研究方法，保留了新古典经济学的理性选择理论和均衡分析方法，但同时增加了交易费用的概念。我国财政体制历经几次大的变革，证实了制度变迁的效果。恩施州财政运行陷于困境，财政健康状况恶化，根本原因在于财政管理体制的变迁。要改变这种状况，应在制度层面而不是技术层面寻求解决方案。

（五）计量经济学

计量模型有助于对经济现象进行直观和抽象的理解，增强定性分析的严密性。利用计量经济模型可以有效分析恩施州财政支出效应、财政收入可靠性及财政健康状况。

除此之外，本书还使用规范分析和实证分析相结合的方法。对于恩施州财政运行的制度环境、政策建议的论述采用规范分析方法，力求财政运行中的民族特性和促进财政健康运行的政策建议的可操作性密切配合,以体现经济制度的本质要求。财政制度安排对恩施州财政运行和财政健康的影响方面采用实证分析,以增强理论的可靠性。研究中还采用历史分析法和比较分析法,历史分析法主要通过恩施州建州以来财政管理体制的变化,分析制度环境的变迁对于恩施州财政运行的影响。比较分析法则是通过纵向和横向上的比较,纵向上分析恩施州财政在分税制前后的变化;横向上则是恩施州城乡之间、不同群体之间的比较分析。当然,在具体分析中,定性分析和定量分析也是必不可少的。

第二章　恩施州财政运行的特殊性

我国财政体制改革的目标是建立社会主义公共财政。改革目标的明确加快了公共财政改革的步伐，但对于如何构建公共财政，则没有固定模式。民族自治地区公共财政理论的研究，更是落后于其他地区。恩施州作为我国最年轻的自治州，成立时间短、经济发展比较落后、少数民族生活多样化及封闭的实际情况具有代表性。在少数民族自治地区社会经济的实际情况下研究民族地方财政运行，不仅对少数民族自治地区具有代表性，还对地方公共财政的建立具有一定的借鉴意义。

第一节　人口、民族与经济发展

一、人口与民族

（一）人口概况

1983 年 8 月 19 日，国务院批准成立鄂西土家族苗族自治州，12 月 1 日正式成立，全州辖恩施市、利川县、巴东县、建始县、来凤县、咸丰县、宣恩县、鹤峰县七县一市。1986 年 11 月 14 日，利川撤县改市。1993 年，经国务院批准，鄂西土家族苗族自治州更名为恩施土家族苗族自治州。全州共 88 个乡、镇、街道办事处，其中 46 个乡，37 个镇，5 个办事处；2899 个村、居民委员会，其中 101 个居民委员会；23358 个村、村民小组，其中 22794 个村民小组。全州总人口 401.16 万，其中常住人口 329.74 万，乡村人口 222.47 万，城镇人口 107.27 万，城镇化率 32.53%。全州人口密度（按常住人口计算）为 137 人/平方千米。总人口年均增加 1.44 万。性别构成中，男性为 209.85 万人，占总人口的 52.31%，女性为 191.31 万人，占总人口的 47.69%。性别比（以女性为 100，男性对女性的比例）为 109.80。年龄构成中，0~14 岁人口为 74.32 万，占总人口的 19.84%；15~64 岁人口为 272.26 万，占总人口的 70.76%；65 岁以上人口为 36.15 万，占总人口的 9.40%。全州人口中，汉族人口为 171.63 万，占总人口的 44.61%；少数民族人口为 213.10 万，占总人口的 55.39%。少数民族地区主要居住着土家族、苗族、侗族、回族等 28 个少数民族。全州具有大学及以上学历的人口 13.4 万，高中程度人口 33.6 万，初中程度人口为 110.3 万，小学程度人口为 140.0 万。人口出生率为 9.14‰，人口死亡率为 4.73‰，人口自然增长率为 4.41‰。

（二）民族基本情况

1. 民族构成

恩施州的民族构成中，有 28 个少数民族，是一个由多民族构成的少数民族自治州。其中土家族、苗族是自治民族，大部分以聚居为主，少数土家族和苗族与其他少数民族以散杂居的方式分布在各县市。从恩施州民族人口的构成来看，汉族、土家族、苗族占人口的绝大多数。按照第六次人口普查的结果，汉族为 47.24%，土家族为 44.99%，苗族为 5.45%，侗族为 1.78%，其他少数民族为 0.5%。从各民族如今的居住分布格局看，汉族和土家族在全州各县市均有分布，其中土家族主要分布在清江以南，也就是历史上的湖广土司域内，即来凤、鹤峰、咸丰、宣恩和利川 5 县市，另外有 25%~30% 的土家族分别居住在巴东、建始和恩施。

2. 民族渊源

从民族渊源来看，大多数土家族和少部分苗族属于恩施州的原始民族，他们大多世居于此。其他的民族大多是不同的历史时期从其他地方陆续迁入的。经考证，居住在长江三峡一带的古巴人是恩施州土家族先民，是古代巴人在漫长历史时期中不断与本地其他土著部落及迁入本地区的汉族和其他少数民族逐步融合的基础上形成的，具有典型的多元一体化特性。历史上土家族多以"蛮"称见之于汉文史料之中，直到宋代才开始出现了相对独立的"土民"、"土丁"等称呼。1957 年 1 月，国家正式承认土家族为单一民族并以"土家族"作为正式族称。苗族有少部分是自先秦以来世居本地的，绝大部分是不同历史时期从周边地区迁徙而来的。而汉族和其他少数民族，都是不同历史时期从周边不同地区迁徙而来的。

3. 民族文化

民族文化是各民族在长期的生存和发展过程中，在周围环境和条件作用下形成的一种该民族所独有的文化、艺术、习俗等。恩施州民族文化的主要渊源是古代巴文化、土家族文化，是古代巴文化的发祥地和土家族文化的诞生地之一。同时又受中原汉文化和西南少数民族文化影响，在历史上还与中南少数民族文化的辐射有关。其少数民族文化积存丰厚，特色鲜明。恩施州民族文化中，交汇着本地流传的土著文化、不同历史时期涌进的汉族文化及其他少数民族文化，具有非常丰富的文化资源。土著文化和外来的汉字文化及其他少数民族文化交相辉映，代表着这些民族在其生存和发展过程中，在其周围环境和条件作用下所形成的一种民族属性。也正是有了这些属性，才决定了民族的自身发展、社会发展和其人口发展。恩施州民族文化具体表现在民间文学、文人文学、建筑艺术、歌舞艺术、戏曲艺术和习俗文化等方面。在民族语言方面，恩施州各少数民族皆通用汉语，但少数苗族仍然保留本民族语言，极个别土家族仍然有本民族语言残存。

4. 民族关系

恩施州自古就是多民族聚居之地，族群流动十分频繁，民族关系错综复杂。春秋战国时期，鄂西南土家族就开始与中原汉族进行政治、经济和文化联系，同周边相邻的楚、蜀等民族以时战时和的方式保持了广泛的联系。秦统一六国后，恩施州土家族先民与中原地区的联系得到加强。唐宋羁縻州县时期，各羁縻州为了巩固与中央王朝的关系，常以土特产向中央王朝进贡。同时，中央王朝也给予优厚的回报以笼络羁縻州的首领。在相互利用的同时也有矛盾，甚至发生对抗性矛盾。元明清土司时期，中央王朝通过在鄂西南设立不同级别的土司，授予土家族首领不同级别的职位，加强对鄂西南土家族的政治统治。改土归流后，清王朝在鄂西南实行强制同化政策，造成了土家族的不满情绪，但同时又打破了封闭统治，解除了民族隔离，各地人口纷纷迁入鄂西南，使汉文化及先进的生产技术大量传入鄂西南，促使当地民族经济、文化得到一次较大发展。中国共产党成立后，在党的领导下，恩施州各族人民历经第一、第二次国内革命战争时期，抗日战争时期和解放战争时期，在长期的革命斗争中，结成了血肉不可分的亲密关系。中华人民共和国成立后，特别是实行民族区域自治后，在党的民族政策下，恩施州经济和社会事业快速发展，各族人民生活水平不断提高，少数民族与汉族、少数民族与少数民族之间的联系日益密切，逐渐建立了平等、团结、协作、融洽的社会主义民族关系。

5. 民族精神

民族精神指的是一种社会意识，是一个民族区别于其他民族的精神特质，是整个民族中大多数成员所认可和接受的，富有生命力的优秀思想品格、价值取向和道德规范的总和。这个总和是整个民族在长期历史过程中逐渐形成的，与一个民族的传统文化密不可分。民族精神产生于民族传统文化，是民族传统文化的精神内涵，也是整个民族赖以生存和发展的精神支撑。在确定民族发展目标、凝聚力量和实施发展措施方面起着重要作用，构成了民族发展的重要动因。恩施州是一个多民族居住的少数民族自治州，除汉族外，还居住着土家族、苗族、侗族、白族、蒙古族、回族等 28 个少数民族。无论是哪个民族，都是在融合当地其他土著部族和迁入该地区的汉族及其他少数民族的基础上逐步形成的，具有多元一体的典型特征。族群流动十分频繁，民族关系错综复杂。实现民族区域自治后，在党的民族政策指引下，全州经济和社会事业迅速发展，各族人民群众生活水平不断提高，各民族的生产生活联系和交往日益密切，逐渐建立了平等、团结、互助、和谐的社会主义民族关系，形成了"提高民族素质，协调和优化民族结构，改善民族关系，促进民族发展"的民族精神。在这样的精神支撑下，加上实行民族区域自治后国家给予的政策性照顾，构成了恩施州经济发展的重要因素。

6. 民族素质

民族素质是一种群体素质，即民族整体素质。它指的是民族在生存和发展过程中，在长期物质和精神产品的生产及民族自身生产的过程中所形成的认识世界和改造世界的能力。民族素质包括物质因素和精神因素，具有传承性和变化性。民族发展最根本的内容是民族素质的提高和优化，而提高和优化民族素质在于教育的投入。恩施州教育事业坚持"发展、改革、建设、管理、落实"的方针，以巩固和发展"普九"成果和推行素质教育为重点，推动教育工作健康快速发展。2001 年全州普通高校 2 所，在校学生 8029 人，年内招收本、专科学生 2228 人。普通中专 3 所，在校生 2911 人，年内招生 573 人。普通高中 24 所，在校学生 27566 人。职业高中八所，在校学生 5543 人。普通初中 171 所（另有九年一贯制学校 6 所），在校学生 171622 人。普通小学 1769 所，在校学生 379408 人，小学适龄人口入学率为 98.3%，小学毕业生升学率为 91.43%。

特殊教育学校 4 所，比上年增加 1 所，在校学生 603 人。幼儿园 93 所，在园人数 46608 人。到 2011 年基础教育方面，共有学校 1123 所，教学点 484 个，校舍面积 432.07 万平方米，招生数 17.26 万人，在校学生 52.16 万人，其中普通高中在校生 5.76 万人，普通 初中在校生 13.56 万人，小学在校生 23.78 万人，幼儿园在园儿童 8.99 万人。学龄人口入学率小学为 100%，初中为 99.58%，高中阶 段毛入学率为 75.01%。高等教育方面，普通高校招生 7735 人，在 校生 2.41 万人，毕业生 6865 人。全年财政预算支出中用于教育事 业支出 45240 万元，比上年增长 28.4%，教育事业费的较大投入，对提高恩施州民族素质起到极大的推动作用。

二、经济发展现状

(一) 经济增长较快，总体规模偏小

恩施州建州以来，经济增长迅速，各项经济指标都得到较大提 高。在上级政府不遗余力的支持下，不断加大基础设施建设，根据 自身实际情况，重点投资重点项目建设和支柱产业建设。西部大开 发政策的实施，高速公路和铁路的贯通，使得恩施州经济得到迅速 发展。自 1983 年以来，恩施州国内生产总值增长幅度波动较大，但增长趋势明显。从增长的具体年份看，在 2007 年以后，经济增 长的速度每年均在 15% 以上。

虽然恩施州经济得到了较快发展，但是经济总量相对于其他地 区而言仍然偏小。2012 年恩施州国内生产总值仅为 670.81 亿元，仅为湖北省的 2.27%，而恩施州人口占湖北省人口的 6.9%。从恩 施州国内生产总值在全省的排名来看，恩施州下辖二市六县，排名 靠前的恩施市在全省排第 35 位，利川与巴东分别位居全省第 46、第 47 位，建始排第 55 位，咸丰排第 58 位，而来凤、宣恩和鹤峰 排名则是垫底。从人均国内生产总值看，2015 年恩施州人均国内 生产总值为 20191 元，当年全国人均国内生产总值为 49228.73 元，

湖北省为 50808.44 元。同期全国排名最后的贵州、云南和甘肃的人均国内生产总值分别为 29938.54 元、29100.91 元和 26209.56 元，均高于恩施州。

（二）经济增长方式粗放，外向型程度偏低

从恩施州的经济增长实际情况看，粗放型经济增长仍是其主要特征。2015 年，恩施州单位地区生产总值能耗为 0.6577 吨标准煤/万元。由于受到资金、技术、人才、地理位置以及传统思想观念的影响，恩施州对资源的利用处于低级阶段，资源浪费现象比较严重。恩施州资源丰富，矿产资源和其他资源理论上应该成为恩施州经济发展的支柱。但是在资源的开发利用中，掠夺式开发现象严重。矿产资源的利用大多处在初级开发阶段，形成了资源的浪费并造成环境的破坏。加上各类人才的匮乏，无论在资源效益还是经济效益方面，都明显偏低。粗放型的增长方式已造成对恩施州资源的巨大破坏与浪费，造成恩施州经济增长后续乏力，与其他地区的差异反而越拉越大。

恩施州的经济大多是封闭式的，参与国内和国际竞争程度较低。2015 年恩施州的外贸依存度仅为 3.79%，进出口总额仅占湖北省全年进出口总额的 0.68%。从外商投资企业在恩施州的投资情况来看，2015 年外商直接投资 3655 万美元，仅占湖北省全年外商直接投资的 0.13%。可以看出，恩施州的经济发展仍然立足于国内经济或本地经济环境。

（三）农业人口比重偏高，城乡发展差异过大

在恩施州人口构成中，1983 年农村人口占总人口比重为 93.37%，到 2015 年，这一比重下降到 60%。从地区生产总值构成来看，恩施州第一产业（按当年价格计算）所占比重在 1991 年之前一直占据恩施州地区总产值的 50% 以上，之后逐年下降到 2012 年的 21.4%。农村居民人均纯收入从 1983 年的 265 元增加到 2015 年的 7969 元，农村居民人均消费支出从 1983 年的 204 元增加到

2015 年的 6342 元。农村居民人均可支配收入占城镇居民人均可支配收入从 1983 年的 47% 下降到 2015 年的 35.9%，最低时仅为 23%，城乡收入差距较大。2003 年之前，恩施州农村特困户中部分仍然居住茅草棚和岩洞。直到 2003 年底，恩施州才彻底解决此问题。从财政对农业和农村的投入看，长期以来，恩施州对农业和农村的投入一直徘徊在 20% 上下，近年来稳定在 16% 左右。医疗卫生资源分配上，2015 年恩施州乡（镇、村）医疗机构占总数的 97.2%，但是乡（镇、村）卫生人员仅占全部卫生人员总数的 43.85%，其中基层乡村卫生人员仅占总数的 38.6%。城乡差别过大，农村医疗卫生费用仅占当年全部医疗费用的 47.7%。

（四）财政收入规模过小，财政支出严重依赖转移支付

从恩施州财政收入增长绝对数来看，恩施州财政收入增长较快，但是规模过小。无论是一般预算收入，还是地域财政收入，建州 30 年来分别增长了 46.25 倍和 104.07 倍。从一般预算收入增长过程看，历次财政管理体制的变化对恩施州影响极大。具有重大影响的分别是 1994 年和 2002 年，分税制的实行和西部大开发使这两年恩施州一般预算收入大幅度降低，尤其是 1994 年。从增长绝对数和增长速度上看，恩施州财政收入增长较快且增长速度起伏不定。但是恩施州财政支出增长过快，自有财政收入（即一般预算收入）远远满足不了支出的需要。2015 年，恩施州一般预算收入仅占财政支出的 20.2%，2009 年，这一数据仅为 18%。恩施州财政支出中绝大部分来自于中央和上级政府的转移支付。从建州以来，恩施州转移支付从 1983 年的 9134 万元增加到 2015 的 2653588 万元，增长了 290.5 倍。

三、恩施州财政运行的基础

在长期的经济发展过程中，恩施州的经济与其他地方相比呈现出巨大的差异性和显著的不平衡性。民族的发展变化取决于社会生产、分工及内部和外部交往的发展程度。民族的发展取决于民族属性、民族结构、民族素质和民族关系等各种条件，是各种关系的综合力量作用的结果。此外，还受到自然环境和社会环境的严重影响。恩施州经济发展取决于多种因素，除了民族发展的基本动因和满足民族发展的基本条件外，还取决于民族发展的环境和制度等因素。

（一）民族自治地区经济发展的生产要素

民族自治地区经济发展的基本动因主要取决于生产要素，即取决于资本要素、劳动力要素和科学技术等。经济产出与生产要素之间的联系用生产函数表示：

$$Y = A(t)K^{\alpha}L^{\beta} \quad (\alpha + \beta = 1, \; 0 \leqslant \alpha \leqslant 1, \; 0 \leqslant \beta \leqslant 1)$$

索洛（Solow）提出如下改进的 C-D 生产函数模型：

$$Y = A(t)K^{\alpha}L^{\beta}$$

假设 $A(t) = A^{0}e^{\lambda t}$，其中 Y、K、L 分别表示产出、资金投入量和劳动力的投入量，t 表示时间，α，β 分别表示资金的产出弹性系数和劳动的产出弹性系数，这里 $\alpha = \dfrac{\partial Y}{\partial K}\dfrac{K}{Y}$，$\beta = \dfrac{\partial Y}{\partial L}\dfrac{L}{Y}$ 且 $\alpha + \beta$ 值可以大于 1、小于 1、等于 1，即规模报酬递增、规模报酬递减或规模报酬不变。

根据索洛增长模型，在一个经济体中，资本存量的增长、劳动力的增长以及技术进步之间的相互作用，影响民族自治地区物品和劳务的总产出。

1. 资本因素

从索洛增长模型可以知道，如果经济中资本存量较大，则产出较高，反之则产出水平受到限制。对于恩施州而言，由于受到地理位置、政策因素等限制，对外资的吸引不是很理想。到 2011 年，外商直接投资仅为 1779 万美元，招商引资实际到位资金仅为 82.75 亿元。吸引外资能力有限，而且还经常出现本地资本外流现象，在源头上抑制了恩施州经济的发展。

2. 劳动力因素

根据索洛模型，人口增长率高的国家在稳定状态下的人均资本存量较低，从而将会导致人均收入处于较低水平。恩施州的人口增长率从 2007 年开始高于全国平均水平，不仅如此，因为历史和地理原因，加上教育水平落后，人民生活水平普遍较低，劳动报酬相对偏低，本地人才大量外流，更不能吸引外地人才的流入。更严重的是随着人才的外流，本地出现了资金、技术和人才同时流失的状况，没有高素质的人才，即使国家在政策、资金上给予倾斜，也不能提高地区经济的产出。

3. 科学技术的进步

索洛模型很好地解释了科学技术进步才是推动经济增长的重要因素。随着社会经济的发展，科学技术进步因素在推动一国或地区经济增长中所占比例不断上升。科学技术还创造了新的技术经济体系，催生了新的经济组织形式和经营管理模式。恩施州无论在科技人才、科技创新还是将科技转化为生产力方面都远远落后于全国其他地区。2011 年高新技术产业增加值为 2.42 亿元，仅占规模以上工业增加值的 2.96%。同年全国高新技术产业工业总产值超过 10 万亿元，工业增加值占同期全国第二产业增加值比重达 12.4%。2011 年，湖北省实现高新技术产业增加值 2325.9 亿元，工业增加值占同期全国第二产业增加值比重达 11.87%。可见，仅高新技术产业增加值一项，恩施州就远远落后于湖北省和全国平均水平。

（二）自然资源

恩施州地处湖北西南，属内陆省份地区。地理上同时位于我国第二阶梯东缘和云贵高原东部延伸部分。整个境内横跨四大山脉即武陵山脉、巫山山脉、大娄山山脉和大巴山山脉。州内最高海拔 3032 米，最低 66.8 米。海拔 1200 米以上的高山地区占 29.4%，800~1200 米的二高山地区占 43.6%，800 米以下的低山地区占

27%。整个恩施州境内地形地貌复杂，形成了高山、河谷、盆地的明显层状地貌。由于地形复杂，海拔高度悬殊，垂直差异十分明显，小气候特征极为突出。由于特殊地质环境和强降水条件，使得恩施州成为一个地质灾害易发多发的地区。根据 2000 年国土资源普查资料，恩施州面积为 3609 万亩，约占湖北省面积的 13%。其中农用地面积占总面积的 82.64%，建设用地占总面积的 2.68%，未利用面积占总面积的 14.87%。恩施州属沉积岩分布地区，沉积岩矿产丰富，各类矿产 70 余种，矿产地 370 余处。州内主要矿产有：铁矿，居湖北省第一位，居全国第 9 位；钒矿，居湖北省第 3 位，居全国第 7 位；铝土矿，居湖北省第 3 位，居全国第 14 位；硒矿，恩施州有世界唯一被发现的独立硒床，被誉为"世界硒都"；煤矿，居湖北省第一位，居全国第 26 位；石煤，居湖北省第一位，居全国第 5 位；天然气，居湖北省第一位，居全国第 16 位；此外，还有电石用石灰岩、冶金用白云岩、高岭土等大量矿产，其储量均居湖北省前茅，在全国也排在前列。水利资源丰富，是湖北省仅次于宜昌水能源最丰富的地区。

（三）基础设施

1. 交通

交通基础设施支撑地方经济发展的命脉。恩施州地形复杂，地域辽阔，交通基础设施投入建设成本巨大，服务的对象有限。恩施州全州山峦纵横，通路条件极为艰险。山高壁陡，河谷深切，地质条件相对较差，工程风险大，科技含量要求高，无论是设计、施工还是建设管理，都充满高风险，面临前所未有的艰巨性和复杂性，更不用说投入的成本效率。交通基础设施建设落后，相当一部分自然村没有通公路，大部分乡村道路为土路，不能通机动车。截至2015 年底，恩施州 2513 个行政村（含居委会和社区）中，公路通达率为 100%，但是通畅率仅为 72.3%，即全州行政村中，通柏油路或水泥路的村仅为 1816 个村。可以看出，虽然经过大力修建，但是对于基层百姓尤其是村级百姓来说，仍然没有从根本上解决百姓"出行难、乘车难"的问题。

2. 公共卫生

公共卫生服务，是为了保障居民身心健康而提供的公共服务。公共卫生直接影响居民身体素质，从而影响地方经济发展能力。恩施州的公共卫生事业虽然取得了重大成效，但仍存在诸多不足之处，群众健康状况不容乐观。从恩施州主要健康指标看，2015年孕产妇死亡率为9.25‰、婴儿死亡率为5.48‰、5岁以下儿童死亡率为7.49‰，位居湖北省中等位次。农村医疗卫生技术力量薄弱，对农村卫生投入不足。截至2015年底，恩施州共有卫生机构2990个，其中州级综合医院1个，县（市）综合医院8个，县（市）中医院5个，民族医院3个。州县（市）疾病预防控制中心9个，专科疾病防治院站1个，妇幼保健院9个。共有基层医疗卫生机构2906个（含社区卫生服务中心、卫生院、村卫生室、门诊部、诊所），基层卫生机构普及率为89%。全州共有床位22681人，基层医疗卫生机构拥有床位为7995个。卫生工作人员合计25374人，其中卫生技术人员19421人（基层卫生技术人员为7324人）。就拥有的卫生服务人员而言，每个乡仅拥有51.5人。另外，恩施州地区医疗服务水平低，医疗人才匮乏。乡镇以上机构卫生技术人员大专及以上学历仅为13%，先进技术设备几乎全集中在州内唯一的综合医院里，医疗服务资源极不均衡。

3. 社会保障

社会保障是主要由政府提供的，维持居民职业、身心、养老等方面的基本手段，通常包括社会保险、社会救助、社会福利和社会优抚等方面内容。恩施州的社会保障覆盖面窄、保障水平较低、保障程度不够，与全国平均水平存在明显的差距。恩施州的社会保障由于农村居民居多，因此，除了城镇居民的社会保险外，主要集中在城乡困难居民生活保障、贫困居民大病医疗救助和民政优抚等方面。全州到 2003 年才消除住茅草屋和岩洞的农村特困户。截至 2015 年底，全州城镇居民最低生活保障人数 2.77 万，最低生活保障支出 1.23 亿元；农村居民最低生活保障人数 16.11 万，最低生活保障支出 3.25 亿元。年末收养性社会福利单位 134 个，床位数 15541 张。农村五保供养对象 17824 人，其中集中供养 4125 人。全年全州实施困难群众住院、门诊救助 73121 人次，支出医疗救助资金 7183 万元。恩施州全年低保人数农村为 29.88 万，城市为 4.72 万，全年发放城乡低保资金 3.24 亿元。新农合参保率为 96.9%，新型农村居民养老保险参保人数 138.94 万，参保率为 98.3%，城镇居民养老保险参保率 75.5%。相对于全州人口而言，社会保障覆盖面窄、保障水平较低、保障程度不够。

4. 教育

民族教育是关系到民族自治地区经济社会发展的关键因素。民族教育之所以长期落后，从教育的外部环境看，是民族自治地区自身经济社会总体发展缓慢，思想观念陈旧，制约了民族教育的发展；从教育的内部因素看，是民族自治地区的教育需求量大，投入不足，管理难以有效落实。恩施州人口受教育程度普遍偏低，地方教育机构不合理，教师队伍整体素质不高。恩施州 2007 年虽然完成了"普九"义务教育，当年小学入学率达到了 100%，但近年来有所降低。初中入学率从 2011 年到 2015 年分别只有 98.58%、99.29%、99.37%、99.46%、99.58%，初三巩固率分别只有 91.5%、92.7%、91.8%、92.6%、92.5%。民族地方教育机构不合理主要表现在以义务教育为主，而高中教育和职业教育相对比较落后。由于地区经济的整体落后，对教育的投入有限，地方办学条件差，师资力量短缺，教师素质普遍偏低，缺乏吸引人才和留住人才的硬举措。科技方面，2005 年，全国专利申请数和授权数分别为 383157 项和 171619 项，授权数占申请数的 44.79%。与全国总体水平相比，2005 年恩施州专利申请数和授权数分别为 41 项和 15 项，授权数占申请数的 36.5%。2012 年，这一数字上升为 39.8%，但专利申请数和授权数也仅为 244 项和 97 项。专门从事科学技术研究的科研人员，2005 年全国国有企事业单位专业技术人员中科学研究人员的比例为 1.4%，恩施州仅为 0.23%，2012 年也仅为 0.62%。

5. 文化事业

维护文化多元性和坚持多元文化共同发展，已经成为人类的共同意识。弘扬并传承民族传统文化，满足各民族精神文明需求，是促进民族发展的重要内容。早在"六五"时期，国家就提出"县县有文化馆、图书馆，乡乡有文化站"的发展目标。但直到今天，恩施州的文化基础设施等公共服务依然稀缺，成为制约恩施州各项文化事业发展的主要障碍。文化基础设施陈旧，缺乏基本的载体。现有文化活动中心（文化馆、文化站）的文化设施老化，甚至出现有馆无址的现象，许多图书馆多年没有购置新书。文化基础设施发展速度缓慢，文化设施建设更新速度迟缓，有的文化机构甚至出现数量下降的趋势。文化事业从业人员呈下降态势，不仅在数量上呈下降态势，且在素质构成上也出现青黄不接的现象。恩施州各项文化事业管理缺乏明确而独立的主体。公益性文化事业出现减少、消失现象，而经营性文化产业前途不容乐观，介入者少，使得恩施州文化资源配置效率低下，也使民族文化产业的发展难以得到社会和民间的认可，极大地遏制了群众发展民族文化的积极性和创造性。各项文化事业发展疏于人才培养，加上现代社会的主流意识形态对少数民族和民族自治地区正发生着潜移默化的影响，使得民族文化艺术正面临边缘化的危机。市场经济下，民族传统文化存在利用不当、开发过度和保护不力等弊端，偏离了民族文化产业化发展的初衷。民族传统文化正逐渐消失，为了迎合时尚和消费者的心理需要而恣意扭曲，任意改变民族传统文化的内涵，甚至出现损害民族情感和尊严的事情。

第二节 恩施州财政运行的特殊性

地方公共服务根据产品功能和特征，主要分为：第一，地方社会管理，具体包括地方政府提供的公共秩序、公共安全和公共规制等，此类接近于纯公共服务；第二，基础设施；第三，地方社会服务；第四，文化与传播媒介。我国民族自治地区大多地域辽阔，但是也都处于边远偏僻且自然条件较差的地区，恩施州也同样如此。州内少数民族居住分散，经济和社会发展相对滞后。相对于一般的地方公共服务，民族自治地区公共服务还涉及民族文化保护、语言、社会稳定、宗教、民族团结、生态建设以及贫困面大这些特殊因素，这些决定了恩施州财政运行的特殊性。

一、基础性公共服务需求量大

民族自治地区大多地处边远偏僻地区，自然条件恶劣，地理环节特殊，加上独特的民族结构，使得保障生存和生产的基础性公共服务需求量大。如前所述，恩施州地处我国第二阶梯东缘，属云贵高原东部延伸部分。境内有四大山脉，即武陵山脉、巫山山脉、大娄山山脉和大巴山山脉。州内最高海拔3032米，最低66.8米。境内地表切割深，沟壑纵横，山体破碎，地形地貌复杂，大河、小溪成树枝状分布，是地质灾害易发多发区。交通极为不便，居民居住分散，土地开发利用程度低。基础性公共服务如交通、电力、通信设施、健康饮用水、病虫害防治等需求量大。恩施州保证生存和生产的基础性公共服务主要有病险水库除险加固、农村人饮解困、安全饮水、防洪设施建设、水土保持、节水灌溉、消茅工程、生态环境综合治理、退耕还林、天然林保护、草种草场建设、乡村道路建设、以工代赈、中小学危房改造、农网改造等。恩施州乡村人口占总人口的 67.47%，且居住分散，2011 年用于上述支出占总预算支出的 22.6%。

二、民族结构复杂

民族结构是由民族经济、民族构成、民族渊源、民族关系、民族文化、民族工作等内容构成的，是各个民族因其自身特征、所处环境及民族的历史发展而形成的物质产品的生产、精神产品的生产和自身及其有关方面的组合。由于历史的原因，我国各民族形成了大杂居、小聚居、相互交错居住的状况，具体表现为聚居少数民族和散杂居少数民族。恩施州主要居住着土家族、苗族、侗族、回族等 28 个少数民族，基本上处于散杂居状况，民族结构比较复杂。

在民族结构中，民族经济结构是核心要素，对其他要素起着促进或制约作用，是其他各个结构发展变化的基本推动力。而其他结构的不断组合和优化，也会不断推动民族经济的发展。反之则阻碍民族经济的发展。只有合理的民族结构才能促进民族发展。由于民族结构的复杂，加上民族需求表达机制不完善和我国自上而下的公共服务提供的决策机制，民族自治地区经济发展中的实际需要，不能及时反馈到上级部门，涉及少数民族对公共服务的特殊需求不能得到很好的满足。民族自治地区民族结构复杂，加上自然条件差别大，地理环境复杂，民族结构中的某个部分对公共服务的特殊需求不能得到充分的表达或显示。无差别的地方公共服务很显然不能很好满足这种需求。

三、为可持续发展奠定基础的公共服务严重缺失

民族自治地方的可持续发展实质上是物质文明与精神文明的高度繁荣与发展，是经济与社会的全面协调发展。受国家政策和民族自治地方自身发展水平的限制，民族自治地方为可持续发展奠定基

础的公共服务缺失严重。为可持续发展奠定基础的公共服务是指提高居民素质、增加居民收入及改善居民生活水平所需的公共服务，主要包括教育、文化事业、社会保障、公共卫生、环境保护等。其中，最主要的是有针对性地为农民提供技术服务、教育科技服务、生态环境保护、地方病的防治等。这一类公共服务的缺失集中表现在农村地区。具体表现为供给不足，质量不高。

四、城乡公共服务供给不均衡且成本高

公共服务的供给长期以来一直存在城乡差别，城市公共服务的供给水平高于农村，民族自治地区公共服务的供给更是如此。作为欠发达、欠开发的民族自治地区，城乡统筹发展对于改善民族自治地区贫困落后的面貌具有重要意义。由于特殊的自然环境和城乡二元结构尚未从根本上改变等，使得民族自治地区城乡之间的发展仍存在一些问题：城市与城市之间、县与县之间、城乡之间的发展存在不平衡，城乡公共服务供给不均衡且成本较高。在保障生存和生产的基础性公共服务供给上，城乡差别主要体现在提供的公共服务的种类和质量上。

交通网络建设方面，城镇大部分享有公路网和铁路网，而农村地区的公路交通网刚刚得到完善，局部地区还没有完善。而邮政、电信、计算机网络方面，城镇居民拥有比例远远高于农村地区。文化设施上，随着行政级别的提高，文化公共设施的供给越来越丰富。恩施州最近几年增加的文化广场、文化娱乐设施、体育健身设施除了乡村学校拥有极少部分外，大多在市（县）城镇区，与广大农村的居民需求基本无缘。不仅如此，农村地区原有的一些娱乐设施随着设备的老化、从业人员的变动（如年迈体弱而不再从事这些行业）而逐渐减少甚至消失，广大农村地区居民的精神文明生活跟现代物质文明的膨胀式发展极不对等。在可持续发展性公共服务的供给上，城乡差别也很明显。特别是公共卫生、义务教育、社会保

障和环境保护等方面。卫生资源偏重城镇，忽视广大乡村地区。城镇卫生体系建设齐全，各级别综合医疗机构全面，数量充足，城镇居民人均拥有床位数远远高于农村地区。反而占人口多数的广大农村地区居民拥有卫生资源相对偏少，公共卫生需求得不到根本满足。

教育方面，城镇教育经费投入远远高于农村地区，城镇学校师资力量明显优于农村地区，硬件设施明显多于农村地区。

社会保障方面，城镇社会保障项目范围广，各项制度完备，广大农村地区的社会保障制度刚刚起步，明显处于探索阶段。农村地区社会保障水平明显偏低，易降低老百姓参保的积极性。

环境保护方面，城镇环保工作开展较早且日益受到重视，环保工作体系比较健全。广大农村地区由于环保意识淡薄，环保体系不健全甚至没有，农村生态污染日益加重。民族自治地区广大农村地区居民居住分散，农村经济基础薄弱，要提供以上公共服务其成本极高，以民族自治地区的财力很显然难以支撑。只能先城镇，再乡村。而城镇地区的公共服务也往往因为本级财政困难而不能满足需求。

第三节　民族自治地区公共财政的特殊性

民族自治地区财政属于国家财政的重要组成部分，属于地方财政范畴。与一般的地方财政相比，既有共性，更有特性。除了具有地方财政的一般特征之外，又具有自身的特殊性。民族自治地区财政与一般地方财政的不同之处，在于要根据各地经济、社会、政治、历史、文化、自然、风俗、民族结构等实际情况的差别而决定。由于这些原因，各民族之间、各民族自治地区之间的经济文化发展不平衡，有的领域差距十分突出。这些差距必然反映到财政上，反映到经济所决定的民族自治地区财政的方方面面。正是因为这些特殊性，研究民族自治地区公共财政时必须考虑民族自治地区的实际情况。把国家公共财政和民族自治地区公共财政的特殊性有机结合，从其特殊性出发来研究民族自治地区的公共财政。

一、民族自治地区公共财政利益主体的民族性

民族自治地区公共财政利益主体的民族性指民族自治地区公共财政是为民族自治地区各民族根本利益服务的，其提供的公共服务是为了满足少数民族的公共需要。由于特定的历史和地理等原因，少数民族聚居地呈现出社会经济相对封闭和落后的显著特征。虽然在历史的过程中各少数民族与汉族及其他民族的沟通和交流逐渐增多，形成了"你中有我，我中有你"的情形，但客观上仍然存在生产、生活的不同特点和风俗习惯及经济的落后，尤其是在少数民族聚居比较集中的地区。

恩施州在历史发展过程中形成了独特的、复杂的民族结构，这种民族结构形成了对民族自治地区公共服务的特殊需求。这些特殊需求涉及各民族内部的利益关系，包括政治、经济、文化、环保等方面。政治方面，恩施州少数民族在历史上先后经历了羁縻制度、土司制度、流管制度以及中华人民共和国成立后的民族区域自治制度。不同的制度代表着少数民族在国家统一领导下，寻求一种民族发展的道路。经济方面，恩施州虽然在历史的进步中经济不断发展，但是与其他地方相比，差距明显，十分渴求能切实照顾少数民族特点和少数民族自治地区的特点，大力发展少数民族经济，缩小民族间差距。文化方面，经过与汉族及其他少数民族的不断交流、融合，恩施州在不断吸收外来先进文化的同时，自身的传统文化正在不断消失，加上人为的不重视，民族文化中独具特色部分急需得到保持和传承。环境保护方面，对于世居此地的少数民族来说，由

于对环保的不重视加上人为的过度性开采和开发，面临着资源的浪费和破坏，生存的压力变得越来越大。

民族自治地区公共财政反映的是国家与少数民族之间及各民族之间的财政分配关系，是为民族自治地区的社会生产力服务，为不断提高本地区各民族的物质文化和精神文化水平服务。因此，民族自治地区财政必须根据本地区及各民族实际情况，从有利于发展本地区经济、繁荣民族文化、促进民族团结、优化民族结构、保护民族生存环境出发，正确处理好各民族之间的关系，照顾各民族之间的特殊需要。满足这些特殊需要体现了民族自治地区公共财政利益主体的民族性。

二、民族自治地区公共财政管理体制的自治性

民族自治地区公共财政管理体制的自治性，是指在中央政府的统一领导下，有权根据本民族自治地区社会经济的特点和需要，自主管理本民族自治地区的财政。财政自治权是民族自治地区公共财政管理体制自治性的集中表现，是民族自治地区公共财政区别于一般地方公共财政的显著特征。财政自治权是民族自治机关行使各项自治权的物质基础，是民族自治地区振兴经济、繁荣民族文化的权力保证。

《中华人民共和国宪法》第一百一十七条规定："民族自治地方的自治机关有管理地方财政的自治权。凡是依照国家财政体制属于民族自治地方的财政收入，都应当由民族自治地方的自治机关自主地安排使用。"《中华人民共和国民族区域自治法》第三十二条第二款规定："民族自治地方的财政是一级财政，是国家财政的组成部分。民族自治地方的自治机关有管理地方财政的自治权。凡是依照国家财政体制属于民族自治地方的财政收入，都应当由民族自治地方的自治机关自主地安排使用。"第五款规定："民族自治地方自治机关在执行财政预算过程中，自行安排使用收入的超收和支出的结

余资金。"第三十三条规定："民族自治地方的自治机关对本地方的各项开支标准、定员、定额，根据国家规定的原则，结合本地方的实际情况，可以制定补充规定和具体办法。""自治州、自治县制定的补充规定和具体办法，须报省、自治区、直辖市人民政府批准。"

民族自治地区的财政是建立在民族自治地区经济社会发展比较落后的基础上的。为了缓解民族自治地区的财政困难，缩小民族自治地区与其他地区的发展差距，中华人民共和国成立后，中央考虑到民族自治地区的实际情况，在财政管理体制上赋予民族自治地区财政自治权，实行有别于汉族地区的差别财政管理体制。民族自治地区财政自治权的实施，特别是国家通过一般性转移支付、专项财政转移支付、民族优惠政策财政转移支付以及其他方式，增加对民族自治地区的资金投入，促进了民族自治地区经济发展和社会进步，进而逐步缩小与发达地区之间的差距。民族自治地区财政自治权充分体现了国家尊重和保护各少数民族管理本民族自治地区事务的精神，是我国民族政策的重要组成部分。

三、民族自治地区公共财政职能的针对性

财政职能，指财政活动所具有的客观功能。公共财政职能体现的是政府经济活动的各方面所产生的影响，概括为资源配置职能、调节收入分配职能和宏观经济稳定职能。这三个职能紧密联系在一起，很难截然区分开。社会分工的原则要求把作为一个整体存在的财政职能在各级政府间作明确的划分。由于中央政府和地方政府所处的位置不一样，其各自的公共财政职能侧重点也不一样。中央财政主要负责全国性公共服务的提供，地方财政主要提供地方性公共服务，如地区性交通、警察、消防、教育、环保、绿化、城市供水、下水道、垃圾处理、公园、地方性法律的制定和实施等。另外，具有"外部性"特征和跨地区的公共工程和项目相关的公共服

务应该由中央政府和地方政府共同承担。

民族自治地区财政主要承担资源配置职能。市场经济条件下，政府承担的主要任务是提供公共服务，根据受益范围、覆盖范围的大小，公共服务可分为全国性公共服务和地方性公共服务。大多数公共服务的受益范围只覆盖某一个或某些区域，现实经济生活中大量存在的公共服务主要是地方性公共服务。所以公共服务的提供主要由地方政府承担，也就意味着地方公共财政要承担主要的资源配置职能。相比中央政府，地方政府更能理解本地居民的公共服务需求偏好，根据本地实际情况提供本地需要的公共服务。如果由中央政府统一提供，显然不能满足各地的实际需求。公共财政的收入分配职能，是实现收入在人与人之间的公平分配。在多级财政体制下，无论通过什么途径，都无法通过地方政府实现收入的公平分配，而需要由中央政府集中统一行使财政的收入分配职能。由于地方政府的经济稳定措施通常无效且地方公共财政缺乏稳定宏观经济的政策工具，限制了地方政府在宏观经济稳定方面的工作。因此，民族自治地区公共财政主要承担资源配置职能，而稳定宏观经济职能和调节收入分配职能，地方财政的主要作用体现在对中央财政职能的配合和执行上。

恩施州公共财政的职能，主要体现在资源配置方面。特别是根据本地区各民族的实际需要，提供保障生存和生产的基础性公共服务，如交通、电力、通信设施、病虫害防治、病险水库除险加固、农村人饮解困、安全饮水、防洪设施建设、水土保持、节水灌溉、消茅工程、生态环境综合治理、退耕还林、天然林保护、草种草场建设、乡村道路建设、以工代赈、中小学危房改造、农网改造等。再就是为可持续发展奠定基础的公共服务如教育、文化事业、社会保障、公共卫生、环境保护等。而对于调节收入分配职能和稳定宏观经济职能，则主要是配合中央财政的执行，如社会保障制度的执行和监督，国家调控政策的配合等。

四、民族自治地区公共财政政策的照顾性

中华人民共和国成立以来，党和国家为促进和发展民族自治地区经济发展制定了一系列的经济政策，且为保障政策顺利有效地执行做了大量的工作，给予了民族自治地区公共财政特殊的政策照顾。在各类法规中明确规定了对民族自治地区的经济发展的政策倾斜，其中最主要的是《民族区域自治法》的制定。《民族区域自治法》第三十二条规定："民族自治地方在全国统一的财政政策下，通过国家实行的规范的财政转移支付制度，享受上级财政的照顾。"《民族区域自治法》还规定了民族自治地区可以在基础设施建设、技术创新、文化教育、医疗卫生、环境保护、扶贫等方面争取中央的支持，还可以争取一般性财政转移支付、专项财政转移支付、民族优惠政策财政转移支付等。

在国民经济恢复和"一五"计划建设时期（1949~1957年），国家根据民族自治地区地广人稀，自然条件差，各民族生活习俗差异显著的特点，开始对民族自治地区实行财政优惠政策。除规定民族自治地区财政应有一定范围的自主权，收支结余上缴中央，不足部分由国家补助外，还发放生产补助费、卫生补助费、社会救济费以及无息贷款等补助专款。为了加快民族自治地区基础产业——农牧业的发展，对农业长期实行"依率计征、依法减免、增产不增税"等轻税政策；生活困难、生产落后、交通不便的民族自治地区及贫困地区实行"轻灾少减、重灾多减、特重全免"的税收政策。在民族贸易方面，制定了帮助和扶持少数民族贸易和民族特需用品生产政策，如对民族贸易企业实行价格补贴（1951~1970年）、自有资金给予照顾（1952~1983年）、利润留成给予照顾（1952~1983年）。这些照顾性政策有利于贫困民族自治地区的休养生息。

在国民经济调整时期，随着民族自治地区经济的逐步恢复，实行"财政适当照顾、必要补助"的优惠政策，民族自治地区的上年

结余资金和当年预算执行过程中超收部分收入，留归民族自治地方安排使用，同时对民族自治地区财政实行照顾政策。设置补助专款、建立边疆事业补助费、设置边疆建设专项补助投资。根据民族自治地区边远落后的特点，对其实行税收减免和优惠税率的照顾政策，对边境县和自治县乡镇企业免除工商所得税5年等。这些政策性照顾对促进民族自治地区经济的发展起了极大的促进作用。

改革开放30多年，也是少数民族自治地区发展最快的30多年。国家在关注少数民族自治地区经济发展的同时，尤其关注民族自治地区的贫困问题，开始了大规模的扶贫工作，并由此制定了地区与地区的对口支援及对外贸易政策等。20世纪80年代，国家财政改革了沿用多年的统一计划管理模式，实行"税种划分、核定收支、分级包干"的财政管理体制，但对民族自治地区仍采用适当照顾的政策，对民族自治地区实行定额补助每年增长10%的制度。同时，设立了"支援不发达地区发展资金"（1980年至今）、"边境事业补助费"（1977年至今）、"边境建设专项补助投资"（1977~1988年）等专项补助资金。20世纪90年代实行分级分税的财政管理体制后，仍在财政上照顾民族自治地区的各项专项补助主要有民族机动金、高于一般地区的财政预算预备费、少数民族自治地区补助费、边境地区建设专款和建设事业补助费、支援不发达地区发展资金、以工代赈和扶贫专项资金。

值得关注的是自2001年开始的西部大开发税收优惠政策对民族自治地区的影响。根据《国务院关于实施西部大开发若干政策措施的通知》（国发〔2000〕33号）和《财政部、国家税务总局关于西部大开发税收优惠政策问题的通知》（财税字〔2001〕202号），2001~2010年实行西部大开发战略，加快中西部地区的均衡协调发展。西部大开发的目标是消除西部地区贫困、保持经济的适度增长、科学合理地开采和利用资源、保护环境及维护生态平衡。在此基础上促进民族团结、维护国家统一。经过10年的实施，整个西部地区的 GDP 和人均国内生产总值的增幅均高于全国平均水平，是中华人民共和国成立以来增长最快的 10 年。这一切变化均离不开以企业所得税优惠为主的西部大开发税收政策的支持。

第三章　恩施州财政运行的制度环境

　　民族自治地区公共财政是中国公共财政的特有财政现象，其产生和存在的基础是有中国特色的民族区域自治制度。民族区域自治制度赋予了民族自治地区政府财政管理自治权的基本职能。民族自治地区公共财政的建立和完善，必须在民族区域自治和财政自治的基础上，对民族自治地区公共服务和公共财政的特殊性进行分析，完善和充实民族自治地区的财政自治权，进而完善公共财政制度。

第一节　民族区域自治

　　民族区域自治是我国一项重要的政治制度，中华人民共和国成立以后，为了解决国内民族问题，中央政府决定在少数民族聚居地实行民族区域自治制度。经过 60 多年的探索和经验积累，已经发展成为一项成熟的国际基本政治制度。目前，我国已建立了 5 个自治区、30 个自治州、122 个自治县（旗），一共有 157 个民族自治地方。在全国 55 个少数民族中，已经有 45 个实行了民族区域自治。民族自治地方总面积达 613.70 万平方千米，占全国总面积的64.30%；民族自治地区总人口占全国总人口的 13.34%，民族自治地区少数民族人口占少数民族总人口的 72.6%。

一、民族区域自治的概念

民族区域自治，是指根据《中华人民共和国宪法》和《中华人民共和国民族区域自治法》，在中央政府的统一领导下，各民族自治地区依照宪法和民族区域自治法的规定，在其聚居的区域内建立民族自治地区，组成自治机关，依法行使宪法和民族区域自治法所规定的各项自治权利，自主管理本民族、本地区的社会事务，行使当家做主权利的一项政治制度。民族区域自治，是中国共产党遵循马克思主义关于民族问题的理论，结合中国实际，把民族自治与区域自治有机结合的一大创造，充分体现了各民族平等和团结的原则，是彻底解决我国民族问题的一项基本政策和重要的基本政治制度。中共十五大报告把民族区域自治制度与中国社会主义民族制度、中国共产党领导的多党合作和政治协商制度一起列为中国社会主义民族制度的三大基本形式，进一步突出了这一制度在中国政治体制中的重要地位。

自治、民族自治、民族区域自治这三个概念，从外延看，是从属关系；从内涵看，是递进的三个层次。民族区域自治是以自治、民族自治为前提的。

(一) 自治

自治，英语中表述为 Autonomy、Self-governance 或 Self-administration，是一个舶来词。"按其字面意思，是指自我统治；在通用政治语言中，亦指实行自我管理的国家，或国家内部享有很大程度的独立和主动性的机构；在政治思想领域，这一术语现在常常用来指个人自由的一个方面"。"指某个人或集体管理自身事务，并且单独对其行为和命运负责的一种状态"。"由共同体代表来控制本共同体的经济、社会和政治事务；虽然这种自治不包括防务、法律和秩序以外的外交事务，但是本土管辖使各种成员能在很大程度上控制共同体的资源和社会政策"。美国人权专家 Hurst Hannum

和 Richard Lillich 指出："自治可被理解为国内层面上的一种行动独立，因为外交事务和国防事务通常还是由中央政府掌握的。但在有的情况下，实行自治的实体也有权缔结涉及文化和经济事务的国际协议。"英国学者 Tim Potier 也认为，自治"可被理解为某种安排，即较高权力当局属下的某权力当局，得以独立行使某些被上级机关委托的行政职责，以服务于它所为之负责的人民的普遍福祉"。

我国现代意义上的自治，是随着西方民主政治学的引进而被逐渐接受和运用的。民族自治和民族区域自治的理论依据来自于马克思列宁关于自治的论述。"每个民族都必须在自己的家里当家做主"。1913 年列宁在《民族问题纲领》中指出："凡是国内居民生活习惯或民族成分不同的区域都应当享有广泛的自主和自治。"自治，指自行管理自己的内部事务，指具有相同的历史传统、文化、环境等的某个共同体能够不受外部因素的掌控和支配，能够自我选择发展目标和模式并制定相关制度，根据自身特点实现自我管理并自我承担责任。自治引申出三种含义：一是文化上的自治，即在文学、艺术、教育等方面自主表达思想感情；二是法律上的自治，即自主行使司法权，不受外部力量干扰；三是政治上的自治，即一个国家的特殊区域或特殊集团，可以根据自身实际情况，以自我管理、自我约束、自我发展为方式的特殊治理形式。我国的民族自治和民族区域自治很显然属于自治的第三种含义。

（二）民族自治

自治的形式多种多样，有纯区域自治，也有纯民族自治，也可以有"人的自治"，还可以有民族自治与区域自治相结合的自治。民族自治一般发生在少数民族所在国内的宪法和立法框架内某种权利的转移，如挪威的萨米人的自治，这种自治模式不同于世界上许多国家和地区的区域自治模式，是一种典型的文化自治模式。民族自治需要受到所在国中央政府和类似机构的监管，以确保自治机构的所有活动都符合自治的规定。

民族自治是在承认一国之内少数民族权利基础上，为了维护少数民族的权利，促进少数民族参与本地事务管理的自治模式。可以有效减少和缓解国内各民族之间的矛盾冲突，有助于保护少数民族文化，维持少数民族的特色发展。民族自治也可能造成民族之间的隔阂，不利于民族之间团结，不利于统一市场的形成和发展，并有可能带来国外的干预。因此，实行民族自治的国家和地区必须充分考虑到各种影响因素，积极寻求实现民族自治的有利性并抑制其风险。

民族自治可以分为地域性自治和功能型自治，地域性自治适用于在一国范围内的特定地区占人口多数的少数民族的自治模式。而功能性自治则适用于国内某一民族的全体成员，与其居住地无关。我国实行的是民族区域自治制度，是民族自治与区域自治的有机结合。只有特定区域的少数民族占本地人口多数或人口相对密集，才能建立少数民族自治地区，建立民族自治地方，实行民族区域自治。

（三）民族区域自治

我国的民族区域自治，是民族自治与区域自治的有机结合，是以法律为依据，强调在中央统一领导下，自治地方和自治民族有自主管理本民族自治地区事务的权利。民族区域自治不同于民族自治，因为我国民族区域自治地区都是中华人民共和国不可分割的部分，不独立于国家和中央人民政府之外的政治实体。民族区域自治更能体现我国统一的多民族国家的性质。民族区域自治既强调自治地方和自治民族有自主管理本地方、本民族事务的权利，又强调自治地方和自治民族有维护国家团结和统一的义务。

我国是一个由多民族组成的统一的社会主义国家，其中少数民族有 55 个。民族区域自治是中国共产党把马克思主义民族理论与中国国情相结合，提出的一系列为解决我国民族问题的政策主张。民族区域自治是为了解决国家和民族之间的关系而设置的，目的是充分尊重和保障少数民族管理本民族内部事务的权利，维护民族平等、促进民族团结的民族关系。民族区域自治不是以单个的少数民族为基础建立的，而是以少数民族聚居的地方为基础而建立的，而不管是在较大的聚居区还是较小的聚居区，不管聚居区里是单一的少数民族还是有多个少数民族，只要聚居区里少数民族人口密度达到一定标准，就可以建立自治区。民族区域自治提高了少数民族的政治地位，不仅是我国解决民族问题的基本政策，也是国家的一项基本政治制度，体现了在国家治理中的基础性和权威性地位。

二、民族区域自治的形成及发展

（一）我国实行民族区域自治的理论依据

在实现少数民族政治上当家做主的同时，民族区域自治制度也促进了少数民族自治地区经济、文化、贸易等快速发展，人民生活水平显著提高。经过 60 多年的历史证明，民族区域自治制度成功解决了我国的民族问题，取得了巨大的成就。这一切都来自于中国共产党把马克思列宁主义关于民族平等理论与中国国情相结合，创造性地提出了民族区域自治制度。

坚持民族平等与团结是马克思主义民族纲领的最基本原则，也是我国实行民族区域自治制度的理论依据。马克思主义自产生以来，始终坚持世界各民族之间完全平等。"各民族完全平等……是马克思主义交给工人的民族纲领，全世界经验和俄国经验交给工人的民族纲领"。民族平等还表现在各民族的权利完全平等方面，各个民族在政治、经济、文化、教育、语言文字等方面的权利都是平等的，从根本上排除民族特权、民族歧视和民族压迫。"无条件保护一切少数民族的权利。"

我国民族区域自治理论依据还来自于马克思列宁关于自治的论

述。早在 1888 年，恩格斯就指出：每个民族都必须"在自己家里当家做主。"列宁在《民族问题纲领》中指出："凡是国内居民生活习惯或民族成分不同的区域都应当享有广泛的自主和自治。"把民族自治"当作具有复杂民族成分和极不相同的地理等条件的民族国家的一般普遍原则"。斯大林提出"区域自治是解决民族问题的一个必要条件"。实行民族区域自治的目的"在于吸引公民管理自己的国家"。马克思列宁主义关于民族自治的理论形成了我国民族区域自治制度的理论基础。

我国的民族区域自治理论还来源于马克思列宁主义关于国家结构形式和中央与民族地方关系的论述。马克思列宁主义对联邦制持否定态度，他们认为，单一制的民主共和国比联邦制国家更具有优越性，因此他们主张建立单一制的民主共和国，在原则上反对联邦制。列宁认为，在存在着民族压迫的情况下，"与其存在民族不平等，不如建立联邦制，作为实行充分的民主集中制的唯一道路"。"在真正的民主制度下，尤其是在苏维埃国家制度下，联邦制往往只是达到真正的民主集中制的过渡性步骤。俄罗斯苏维埃共和国的例子特别清楚地表明，我们目前实行的和将要实行的联邦制，正是使俄国各民族最牢固地联合成一个统一的民主集中的苏维埃国家的最可靠的步骤"。苏联采用联邦制，并不意味着马克思列宁主义关于国家结构学说的改变，而是为了解决民族问题，是一种权宜之计，是不得已的行为。建立单一民族共和国的我国，实行民族区域自治制度，完全符合马克思列宁主义关于国家结构形式和中央与民族地方关系的论述。

（二）民族区域自治的实践

中国共产党历来就非常重视民族问题，从建党初就把国内民族问题作为中国革命问题的一部分。1922 年的第二次全国代表大会提出的《宣言》中指出："……尊重边疆人民的自主，促进蒙古、西藏、回疆三自治邦，再联合成为中华联邦共和国。"1931 年的

《中华苏维埃共和国宪法大纲》规定："中国苏维埃承认中国境内少数民族的自决权，……或建立自己的自治区域。"这是中国共产党第一次提出民族区域自治的思想，但这时占主导地位的仍是联邦制。1936年毛泽东发布了《中华苏维埃中央政府对回族人民的宣言》，指出："……主张回民自己的事情，完全由回民自己解决，凡属全是回民的区域，由回民自己建立独立自主的政权。"这是中国共产党第一次提出民族区域自治理论，同年在宁夏南部成立了豫海回民自治政府，为民族区域自治制度的形成提供了经验。1938年毛泽东在《论新阶段》中更是详细地论述了民族区域自治制度的主要内容，主张民族平等、组建少数民族自治机关、少数民族管理自己事务、尊重少数民族习俗等。1946年陕西正宁县、陕北定边县成立回民自治县。1947年在内蒙古建立了第一个省级民族自治区。这些理论和实践为中华人民共和国成立后全面推行民族区域自治制度提供了宝贵的经验。

1949年中国人民政治协商会议正式把民族区域自治制度作为我国的一项重要政治制度。1950年开始广泛试点，建立多种类型的民族自治地区。1952年中央人民政府颁布《中华人民共和国民族区域自治实施纲要》，确定了各民族自治区在国家中的地位及关系，明确规定各民族自治区的职权是管理本民族、本地区内部事务。1954年《宪法》明确规定了民族区域自治制度的主要内容、性质和在国家中的地位，以及实行的基本原则。民族自治地区分为自治区、自治州和自治县，民族自治地区的自治机关行使一般地方国家机关职权的同时行使自治权。到"文化大革命"前，民族区域自治制度得到全面实施。成立了新疆、广西、宁夏、西藏四个自治区，29个自治州和68个自治县。基本实现了我国少数民族当家做主、管理本民族本地区内部事务的愿望，同时促进了民族平等、民族团结和民族发展。

"文化大革命"结束后，特别是1982年颁布的《宪法》，使民族区域自治制度进入一个新的发展阶段。1982 年《宪法》不仅全面恢复了 1954 年《宪法》关于民族区域自治的内容和条款，而且在总结以前经验基础上，扩充了新的内容。规定在民族自治地区的人民代表大会中，应有各族人民的代表，自治区主席、自治州州长、自治县县长由实行区域自治的民族担任；国家要帮助少数民族加速发展当地经济和文化建设，大量培养少数民族干部；明确规定了民族自治地区自治机关行使自治权利；还规定了民族自治地区自治机关行使国家法律、法规和政策时，可以根据本地实际情况变通执行或不执行；民族自治地区人民代表大会依照本地实际情况制定自治条例和单行条例等。

标志着民族区域自治制度发展为一个比较完善的体系的重要标志是 1984 年颁布的《中华人民共和国民族区域自治法》（以下简称《民族区域自治法》）。在《民族区域自治法》中，把民族自治地区的自治机关行使的自治权具体化，规定了自治机关不同于一般地方国家机关的权利，同时明确了上级国家机关有保障和帮助民族自治地区发展经济和文化卫生事业的职责。党的十四大为今后发展和完善民族区域自治制度指明的方向为：全面贯彻党的民族政策，坚持和完善民族区域自治制度，坚持平等、互助、团结、合作，促进各民族的共同繁荣。

三、民族区域自治的特点

经过 60 多年来的历史证明，民族区域自治作为解决我国国内民族问题的基本政策是正确的和成功的。民族区域自治保证了我国这样一个多民族国家中各民族不分大小在一切权利方面完全平等，在少数民族聚居地区建立自治机关，依法享有和行使自治权，自主管理本民族、本地区的事务。我国的民族区域自治具有以下特点：

（一）民族区域自治实现了国家统一与民族自治的结合，实现了区域自治与集中统一领导的结合

我国的民族区域自治是在全国统一的领土范围内，在中央政府统一领导下，遵循《中华人民共和国宪法》的规定，在少数民族聚居地建立自治机关，行使自治权利，由本民族管理民族自治地区的事务。《中华人民共和国宪法》与《民族区域自治法》规定了民族自治地区享有的各项自治权利，保障民族自治地区自治机关行使自治权。同时又明确规定各民族自治地区的自治机关要把国家整体利益放在首位，必须维护国家的统一，保证宪法和法律在民族自治地区的遵循和执行。既禁止对任何民族的歧视和压迫，又禁止破坏民族团结和制造民族分裂的行为。这种把民族自治与国家统一、区域自治与集中统一领导的正确结合，充分显示了民族区域自治制度的优越性。

（二）民族区域自治是政治因素和经济因素的结合

我国的民族区域自治不是单纯的民族自治，也不是一般意义上的地方自治，而是民族自治与地方自治的有机结合，是政治因素与经济因素的结合。政治上要保证各民族权利完全平等，从根本上排除了民族特权、民族歧视和民族压迫，要有利于各民族的团结合作。经济上要求民族区域自治能保证自治地方的经济发展，要求能缩小各民族自治地区与汉族聚居地区的发展差距。在建立民族自治地区时，应把政治因素和经济因素有机结合，不以某个单一少数民族为基础建立特有的自治，而是以少数民族聚居地作为基础建立相应的自治地区。在确保少数民族在政治上享有平等地位的同时，加强对少数民族聚居地区的援助和合作，促进民族自治地区经济和社会的全面发展。

（三）民族区域自治是国家一项基本政治制度，在国家治理中具有基础性和权威性地位

目前，能够在法律上作为我国基本政治制度的有：人民代表大会制度、中国共产党领导的多党合作和政治协商制度、民族区域自治制度。《中华人民共和国宪法》规定：国家在"各少数民族聚居的地方实行区域自治，设立自治机关，行使自治权"。《民族区域自治法》进一步规定："民族区域自治是中国共产党运用马克思列宁主义解决我国民族问题的基本政策，是国家的一项基本政治制度。"民族区域自治制度以宪法和法律的方式固定下来，确立了民族区域自治制度在国家政治中的权威性，有利于实现民族区域自治的制度化、规范化和程序化。

（四）民族区域自治体现了权利与义务的统一

自治权是民族区域自治制度的核心，是少数民族人民当家做主，自己管理本民族内部事务的主要标志，是衡量民族区域自治程度的根本标尺，也是实现民族平等的重要手段和加速发展少数民族经济文化，实现民族共同繁荣的根本保证。民族区域自治地区享有宪法和法律规定的各种自治权限，但是必须以遵守宪法和法律为前提。民族区域自治权限具有地域性、专属性的权利，但是各民族在民族聚居地享有这些权利不能以牺牲其他地区和其他人民的权利为代价，必须维护国家主权和领土完整。不能片面强调自治权利而忽视应尽的义务，也不能片面强调义务和责任而忽视法定的自治权。

（五）民族区域自治实现了统一性和灵活性的统一

我国民族区域自治以民族聚居地为基础，以民族成分、区域界线、行政地位为要素，从较大的聚居地到较小的聚居地，从单一的少数民族聚居地到几个少数民族共同的聚居地，都可以建立相应的自治地区。这使得自治形式具有很大的灵活性。实行民族区域自治的民族自治机关在其自治地区内，既行使管理与其地位相适应的地方国家事务的权利，又享有当家做主、管理本民族内部事务的权利。民族自治权限只有在民族自治区域内才能实现，离开一定的区域，自治权限无法生效。同样，民族自治区域内如果只行使一般的地方行政权，也就失去了民族区域自治的初衷。实践证明，民族区域自治的统一性和灵活性，既充分尊重了少数民族的民族权利，维护了各民族之间平等、团结、互助的良好关系，又保证了国家的团结统一和长治久安。

第二节　民族区域自治权

在中华人民共和国成立前的民主革命时期，中国共产党对国家结构形式的考虑很大程度上是为了解决国内民族问题。但最终无论是在理论上还是实践中，选择在少数民族聚居地实行民族区域自治，确认国内民族平等及联合。民族区域自治实行 60 多年来，实践证明，"是史无前例的创举"。

一、民族区域自治权形成及发展

（一）中华人民共和国成立前对民族区域自治权问题的探讨

1922 年在中国共产党的第二次全国代表大会的《宣言》中，"……尊重边疆人民的自土，促进蒙古、西藏、回疆三自治邦，再联合成为中华联邦共和国"。在此后相当长的一段时间，联邦制成为中国共产党解决国内民族问题的主张。1931 年《中华苏维埃共和国宪法大纲》规定："中国苏维埃政权承认中国境内少数民族的民族自决权，……凡是居住在中国地域内，建立自己的自治区域。"提出了民族区域自治的思想。1936 年，毛泽东在发表的《中华苏维埃中央政府对回族人民的宣言》中指出："……根据民族自决的原则，主张回民自己的事情，完全由回民自己解决，凡是回民的区域，由回民自己建立独立的政权，解决一切政治、经济、宗教、习惯、道德、教育以及其他一切事情。"这是中国共产党第一次明确提出民族区域自治理论，同年在宁夏南部地区成立了豫海县回民自治政府。豫海县回民自治政府的建立，为民族区域自治政策的形成提供了经验。1945 年毛泽东在《论联合政府》中就民族问题指出："要求改善国内少数民族的待遇，允许各少数民族有民族自治的权利。"1946 年，中国共产党代表团周恩来等联名提出的《和平建国纲领草案》中提出："在少数民族区域，应承认各民族的平等地位及其自治权。"把民族区域自治作为我国一项重要政治制度，是在1949 年的中国人民政治协商会议第一届全体通过的《中国人民政治协商会议共同纲领》（以下简称《共同纲领》）中，《共同纲领》第五十一条规定："各少数民族聚居的地区，应实行民族的区域自治，按照民族聚居的人口多少和区域大小，分别建立各种民族自治机关。"第五十三条规定："各少数民族均有发展其语言文字、保持或改革其风俗习惯及宗教信仰的自由。人民政府应帮助各少数民族的人民大众发展其政治、经济、文化、教育的建设事业。"

（二）中华人民共和国成立后民族区域自治权的实践

为了推行民族区域自治，从 1950 年开始，中共中央和各级人民政府经过多方面准备，建立了一批相当于区、县和县以下的区或乡的自治地区，这些自治地区实行由一个少数民族单独自治或由两个及两个以上多个民族联合自治，组成了不同行政级别和多种类型。1952 年颁布的《中华人民共和国民族区域自治实施纲要》，根据《共同纲领》的原则，使民族自治区的形式和规模有一个统一的标准，民族自治区的组织和职权也有了统一的规定。根据我国少数民族聚居地的实际情况，规定了自治区的建立条件、区域划分、行政地位及名称组成等；规定了各民族自治区的自治机关为中央统一领导下的一级地方政府并受上级人民政府的领导，明确各民族自治区的职权为管理本民族内部事务。

1954 年的《中华人民共和国宪法》在总结民族区域自治的经验

上，明确了民族区域自治制度的基本内容，明确规定了民族自治地区为自治区、自治州、自治县三级，民族自治地区的自治机关行使一般地方国家机关的职权和自治权。第一次将民族区域自治权载入到根本法中，标志着中国的民族关系法制化建设的全面开始。1954 年《宪法》在《共同纲领》的基础上，对民族区域自治权作了进一步规定，除了"组织本地方的公安部队的自治权"外，自治地方拥有"制定自治条例和单行条例的自治权"、"管理本地方财政的自治权"。这是宪法第一次明确赋予民族自治地区的财政自治权。截止到"文化大革命"前，在全国范围内已经成立了新疆、广西、宁夏和西藏 4 个自治区，还成立了 29 个自治州和 68 个自治县。实现了我国境内少数民族长期以来当家做主的愿望，极大地促进了民族团结和民族共同进步。从 20 世纪 50 年代末开始，民族区域自治制度建设受到干扰，尤其是"文化大革命"期间，民族区域自治地区的自治机关被撤销，民族区域自治制度受到严重破坏。1975 年《宪法》删除了 1954 年《宪法》关于自治机关的自治权的具体规定。"民族自治地方的自治机关，除行使《宪法》第二章第三节规定的地方国家机关职权外，可以依照法律的规定行使自治权"。即民族自治地区的自治机关除行使一般地方国家机关的权利外，没有赋予民族自治机关任何具体权利，使民族区域自治丧失了实际内容和实际意义。

（三）民族区域自治权的快速发展和完善

1978 年的《宪法》关于民族区域自治的基本规定有所恢复，但是限于当时的实际情况，关于自治权的规定很不完备。1978 年的《宪法》比 1975 年略有进步，赋予了民族区域自治机关指定自治条例和单行条例的权限，但对"管理本地区财政的自治权"和"组织本地区的公安部队的自治权"却未提及。

1982 年《宪法》完全恢复了 1954 年关于民族区域自治的内容和条款，而且在全面总结实行民族区域自治经验的基础上，扩充民族区域自治内容。1982 年《宪法》规定："中华人民共和国各民族一律平等。国家保障各少数民族的合法的权利和利益，维护和发展各民族的平等、团结、互助关系。各少数民族聚居的地方实行区域自治，设立自治机关，行使自治权。各民族自治地方都是中华人民共和国不可分离的部分。""在民族自治地区的人民代表大会中，除实行区域自治的民族代表外，其他居住本行政区内的民族也应当有适当名额的代表"。"民族自治地区的人民代表大会常务委员会中应当有实行区域自治的公民担任主任或副主任"。"自治区主席、自治州州长、自治县县长由实行区域自治的民族公民担任"。规定增加了自治机关拥有经济建设管理的自治权、公共事务管理权、文化管理的自治权等。同时还规定，上级国家机关有帮助各少数民族发展政治、经济和文化建设事业以及保障少数民族各项平等权利的职责等内容。对自治机关、人民法院依法保障少数民族使用本民族语言文字的权利的职责作了明确的规定，赋予了民族自治机关充分的自治权。

标志着我国民族区域自治权的完善和快速发展的重要标志是1984 年颁布的《中华人民共和国民族区域自治法》。它不仅是国家的一部基本法，还是一部包括政治、经济、文化等广泛领域的综合性民族法。作为实施宪法规定的民族区域自治制度的基本法律，《民族区域自治法》的内容涵盖了政治、经济、文化、社会等各个方面。不仅规范了中央与民族自治地区的关系，还着重把民族区域自治地区的自治权限具体化，规定了自治机关在管理财政、经济、文化教育等方面不同于一般地方国家机关的权限。《民族区域自治法》的颁布，从法律上为少数民族在自治地方当家做主和管理本民族内部事务提供了组织上的保障，有助于保护少数民族权利的法律法规得到切实的贯彻和执行，同时标志着我国民族区域自治制度开始进入健康稳定的发展轨道。

社会主义市场经济体制的建立和逐渐完善，使得民族区域自治权进入全面深入发展阶段。其突出的标志表现在自治条例和单行条例的制定。《民族区域自治法》规定："民族自治地方的人民代表大会有权依照当地民族的政治、经济和文化特点，制定自治条例和单行条例。自治区的自治条例和单行条例，报全国人民代表大会常务委员会批准后生效。自治州、自治县的自治条例和单行条例报省、自治区、直辖市的人民代表大会常务委员会批准后生效，并报经全国人民代表大会常务委员会和国务院备案。"2001 年，第九届全国人民代表大会常务委员会第二十次会议通过了《关于修改〈中华人民共和国民族区域自治法〉的决定》，这次修改最重要的标志是将"上级国家机关的领导和帮助"修改为"上级国家机关的职责"，同时增加了"国务院及其有关部门应当在职权范围内，实施本法分别制定行政法规、规章、具体措施和办法。自治区和辖有自治州、自治县的省、直辖省的人民代表大会及其常务委员会结合当地实际情况，制定实施本法的具体办法"。这一修改明显加强了上级机关援助民族区域自治地区的力度，有效保障了我国少数民族人权的实现。为了加快民族自治地区经济、社会和文化的发展，加强了对民族自治地区经济和社会的扶持力度，组织经济发达地区对民族自治地区的对口支援，为实行真正的民族区域自治制度提供了雄厚的物质基础。截至 2003 年底，民族自治地区共制定自治条例 133 个，单行条例 384 个。民族自治地区根据本地的实际情况，对《婚姻法》、《继承法》、《选举权法》、《土地法》、《草原法》等法律的补充规定有 68 项。

西部大开发战略的实施，为民族自治地区跨越式发展提供了前所未有的历史机遇，同时标志着我国民族区域自治制度进入发展新时期。西部大开发为民族自治地区政治经济的发展注入了强大的动力，使得民族自治地区对外依赖度增强，尤其是经济、文化、社会等与外界的交流和沟通显著增强。西部大开发使得民族自治地区的社会环境发生了根本性变化，要求不断创新与发展民族区域自治制度，在民族法制、自治权保障机制、民族关系协调、自治权限与义务等方面进一步完善。

二、民族区域自治权的具体内容

民族自治地区自治机关除了拥有一般地方国家机关的职权外，还享有《民族区域自治法》所规定的民族自治地区经济和社会管理的自主权，这些民族区域自治权限是一般地方政府所没有的。自治权是民族区域自治制度的核心，是民族自治地区的一种特定自主权。在《民族区域自治法》中，明确规定："实行民族区域自治，体现了国家充分尊重和保障各少数民族管理本民族内部事务权利的精神，体现了国家坚持平等、团结和共同繁荣的原则。"民族区域自治权限的规定，从法律上为少数民族在自治地区当家做主和管理本民族内部事务提供了组织上的保障，为民族区域自治地区的少数民族有效参与本民族、本地区的内部事务提供了条件。根据《民族区域自治法》第三章的规定，专门规定了自治机关的自治权。在民族区域自治制度内，自治机关是自治区、自治州和自治县的人民代表大会和人民政府，自治地区自治机关享有《宪法》、《民族区域自治法》和其他法律赋予的一系列特定的自治权。这些自治权限集中在政治、经济和文化教育方面。

（一）民族自治地区的政治类自治权

1. 立法自治权

"民族自治地方的人民代表大会有权依照当地民族的政治、经济和文化的特点，制定自治条例和单行条例"。自主制定自治条例和单行条例的权利，同时自身也包含着根据民族自治地区自身的特点对国家法律、法规和命令的变通执行权或停止执行上级国家机关的决议、决定、命令和指示的权限。自治条例是由自治地区的人民代表大会依照《宪法》、《中华人民共和国立法法》和《民族区域自治法》的规定制定的在民族自治地区实行民族区域自治基本制度的规范性法律文件。是民族自治地区的综合性法规，集中体现了民族自治地区的自治权。同时也是自治地区贯彻落实《民族区域自治法》，行使自治权的基本规范，是民族自治地区自治机关全面管理本民族、本地区事务的总章程。单行条例是民族区域自治地区自治机关根据《宪法》和法律规定的基本原则，依照本地经济社会发展的实际情况，为保护和解决当地民族某一方面的特殊利益而制定并报请上级国家机关批准、备案的专项自治法规。自治条例、单行条例、变通规定和补充规定，在内容上都包含对国家法律的一定变通和补充，性质上都属于民族自治地区享有的变通权范畴。

2. 人事管理自治权

民族自治地区人事管理自治权是指民族自治地区地方政府依照《民族区域自治法》规定，自主地采取各种措施充分使用和培养少数民族人才的一种法定权利。"民族自治地方的自治机关根据社会主义建设的需要，采取各种措施从当地民族中大量培养各级干部，各种科学技术、经营管理等专业人才和技术工人，充分发挥他们的作用，并且注意在少数民族妇女中培养各级干部和各种专业技术人才"。"民族自治地方的自治机关录用工作人员的时候，对实行区域自治的民族和其他少数民族的人员应当给予适当的照顾。民族自治地方的自治机关可以采取特殊措施，优待、鼓励各种专业人员参与自治地方的建设工作"。"民族自治地方的企业、事业单位依照国家规定招收人员时，优先招收少数民族人员，并且可以从农村和牧区少数民族人口中招收"。民族自治地区自主实施人事管理的自治权，对培养少数民族干部和各种专门人才，促进民族经济社会和文化事业的发展发挥了重要作用。

3. 组织地方公安部队自治权

组织地方公安部队的自治权是指民族自治地区自治机关根据《民族区域自治法》的规定，为了维护本民族、本地区的社会治安，为少数民族实行各项权利提供良好的社会环境而行使的法定权利。

"民族自治地方的自治机关依照国家的军事制度和当地的实际情况，经国务院批准，可以组织本地方维护社会治安的公安部队"。这也是《共同纲领》中已经规定的自治权，1954年和1982年《宪法》继续保留。与其他自治权限所不同的是组织本地公安部队权可以有选择的实行，即在有条件的地方实施，没有条件的地方可以不实施。

民族自治地区的政治类自治权，具体还包括流动人口管理权，也就是民族自治地区的自治机关可以自主制定管理流动人口的办法。实行计划生育自治权，即自治机关根据法律规定，结合本地方的实际情况，自主制定实行计划生育的办法。使用民族语言文字自治权、尊重和保障少数民族风俗习惯和宗教信仰自治权等。

(二) 民族自治地区经济发展自治权

1. 民族自治地区经济管理自治权

民族自治地区经济管理自治权是一般地方政府所没有的特定的一种权利。"民族自治地方的自治机关在国家计划的指导下，有权根据本地方的特点和需要，自主制定经济建设的方针、政策和计划，自主地安排和管理地方性的经济建设事业"。经济管理是民族自治地区自主安排本地区经济建设事业，保持稳定的经济环境和经济秩序不可缺少的手段。民族自治地区经济管理自治权具有充分、高度的自主性，自治程度高。可以根据本民族、本地区的实际需要，合理调整产业结构。民族自治地区行使经济管理自治权，在维护国家宏观调控和法律的统一性前提下，与民族自治地区的地位和需要相协调，考虑当地民族特点和区域特点，选择扬长避短、重视优势产业、适当倾斜和协调发展的发展模式。

2. 民族自治地区的对外经济贸易自治权

"民族自治地方依照国家规定，可以开展对外经济贸易活动，经国务院批准，可以开辟对外贸易口岸。与外国接壤的民族自治地方经国务院批准，开展边境贸易。民族自治地方在对外经济贸易活动中，享受国家的优惠政策"。民族自治地区的对外贸易是整个国家贸易活动的有机组成部分，而且在对外贸易中大多数民族自治地区具有多方面的有利条件。如得天独厚的地缘优势和人缘优势，周边有利的外部环境，以及享有政策和法律的鼓励和支持。

3. 民族自治地区的财政自治权

"民族自治地方的自治机关有管理地方财政的自治权。凡是依照国家财政体制属于民族地方的财政收入，都应当由民族自治地方的自治机关自主安排使用"。"……享受上级财政的照顾"。"民族自治地方的财政预算支出，按照国家规定，设机动资金，预备费在预算中所占比例高于一般地区。民族自治地方的自治机关在执行财政预算过程中，自行安排使用收入的超收和支出的结余资金"。"民族自治地区的自治机关对本地方的各项开支标准、定员、定额，根据国家规定的原则，结合本地方的实际情况，可以指定补充规定和具体办法"。"民族自治地方的自治机关在执行国家税法的时候，除应由国家统一审批的减免税项目以外，对属于地方财政收入的某些需要从税收上加以照顾和鼓励的，有权自主实行减税和免税"。民族自治地区财政管理自治权，在中央统一方针政策的原则下，对国民收入有一定自主分配的权利。同时还可以根据本地区的实际情况因地制宜地制定多项财政规章制度及相关办法的权利。这些权利的规定，充分表明国家在财政收支划分和管理权限上给予特殊照顾，使民族自治地区比一般地方拥有更多的管理财政的自主权。

4. 自然资源管理自治权

自然资源管理自治权是指民族自治地方的自治机关依照法律规定，有权开发、自主管理自然资源并保护本地方生态环境的自主权。可以有效加强能源资源节约和生态环境保护，增强可持续发展能力。自然资源管理自治权包括民族自治地区的自治机关有确定本地自然资源优先开发利用的自主权，开发利用自然资源时必须充分考虑对民族利益的影响，必须在正确处理局部利益和国家整体利益关系的前提下，充分照顾当地少数民族的利益。

民族自治地区经济发展自治权还包括市场经济发展自治权、基本建设项目自治权、金融建设管理自治权、企业事业管理自治权、草原森林管理自治权等。

（三）民族自治地区发展教育科技文化卫生自治权

"民族自治地方的自治机关自主管理本地方的教育、科学、文化、卫生、体育事业；保护和整理民族的文化遗产，发展和繁荣民族文化"。"民族自治地方政府根据国家的教育方针和法律规定，可以决定本地方有关教育的一切事项"。"民族自治地方的自治机关自主决定本地方的科学技术发展规划，普及科学技术知识"。民族自治地区还享有广泛的民族文化管理自治权，如自主建立民族文化团体和文化研究机构，为民族文化的集成、传承、发展和繁荣提供组织保障。大力扶持和培养少数民族文艺人才，大力举办文艺汇演、评奖、比赛、展览、观摩活动。加强文化基础设施建设，保护民族优秀文化遗产，开展对外文化交流等。民族自治地区还享有发展医药、卫生、体育事业自治权。自主发展民族医药卫生事业，发展现代医药和民族传统医药，加强对传染病、地方病的预防控制工作和妇幼卫生保健，改善卫生医疗条件。自主发展民族体育事业，开展民族体育活动，增强各族人民的体质，保护和发展少数民族传统体育项目，发掘整理和研究推广民族传统体育项目，建立民族传统体育基地，培养民族传统体育人才等。

三、民族区域自治权的特点

民族区域自治权是民族权利中的一种，自治权是民族区域自治制度的核心。民族区域自治是民族自治和区域自治的有机结合，以民族聚居地区为基础。因此，民族区域自治权除了具有民族性和区域性的典型特征外，还具有以下几个方面的特征。

（一）民族区域自治权的广泛性与有限性的统一

与一般地方政府的权利相比，民族自治地区自治机关的权利更广泛。《民族区域自治法》规定了民族自治地区的自治机关享有广泛的自治权，是民族区域自治权广泛性的体现。民族自治地区的自治机关享有《宪法》、《民族区域自治法》和其他法律规定的一系列自治权。《宪法》第一百一十五条规定，自治机关"依照宪法、民族区域自治法和其他法律规定的权限行使自治权"，赋予了了自治机关多方面的自治权。民族区域自治权是解决整体与局部、中央与地方权力的一种政治与行政管理制度。自治权是民族自治机关在国家统一领导下，依照宪法和法律明确规定行使的自主权，是根据民族自治地区实际情况贯彻执行国家法律和政策的自主权。然而无论哪方面的自治权利，都必须以遵守宪法和法律为前提，不能破坏全国人民的共同利益和需要。同时，各民族自治地区都是国家不可分割的部分，民族自治地区的自治机关是国家的一级地方政权机关，是国家完整权力系统中的一个环节和一个组成部分，受国家的统一领导和监督。自治机关行使自治权，不能随意扩大或缩小，要结合自治地区的实际情况和实际需要。民族区域自治权的广泛性和有限性的统一，表明民族自治地区在行使自治权时，要有利于保证国家的集中领导和统一，有利于促进民族进步。

（二）民族区域自治权主体的双重性

就权利主体而言，民族区域自治权有权利享有主体和权利行使主体之分。权利享有主体指的是实行区域自治的民族聚居地的各少数民族，在民族区域自治地区的人民代表大会制定自治法等规范性决议时，各民族人民的代表都有发言权和表决权。权利行使主体指的是民族区域自治地区的自治机关，民族自治地区的自治机关代表自治地区的各族人民行使自治权。对于民族自治地区的自治机关，在享有同级地方国家机关职权的同时，还享有多方面的自治权。"自治区、自治州、自治县的自治机关行使宪法第三章第五节规定的地方国家机关的职权"。《宪法》的规定，表明了凡是地方国家机关享有的权利，自治机关同样享有。同时民族自治地区的自治机关还可以依照《宪法》、《民族区域自治法》和其他法律规定的权限行使自治权。这些自治权包括制定自治条例和单行条例、财政自治权、经济建设管理权、公共事务管理权、组织公安部队权。自治机关既行使同级地方国家机关的职权，又行使自治权。地方国家机关的职权和自治权，在实际中不是截然分开的，而是构成了一个整体。自治机关在行使自治权的同时，也行使了地方国家机关的职权。自治权不是地方国家机关职权之外的权利，二者是相互统一的。自治机关行使自治权的同时要把行使地方国家机关的职权紧密结合起来，既维护了国家根本利益，又维护了民族自治地区各民族的利益。

（三）多层级的法律保障

民族自治地区自治权是民族区域自治程度的标尺，是民族区域自治制度的核心，民族区域自治权的法律规范是行使民族区域自治权的重要保障。为了保障民族自治地区自治权的实现，多层级的法律保障必不可少。民族区域自治权是一种法律性权利，自治权的具体内容、行使权利的自治机关都由宪法和法律以明确的方式加以规定。《宪法》第一百一十五条赋予了自治机关充分的自治权，第一百一十六条把制定自治条例和单行条例的权利下放到自治县一级。《民族区域自治法》是实施宪法规定的民族区域自治制度的基本法律，是国家的基本法。宪法对民族区域自治权作了原则规定，《民族区域自治法》则将宪法规定的自治权加以具体化，明确规定了民族自治地区的自治权，进一步保障了少数民族的平等权利和自治权利。此外，其他基本法律、部门法律也有专门条款，体现了对民族自治地区自治权的保障。这些规定授权民族自治地方自治机关依据该法的原则制定变通规定或补充规定，以及规定上级国家机关照顾民族自治地区的利益，帮助民族自治地区发展经济、文化、科技和教育等各项事业。我国的《立法法》、《刑法》、《民法通则》、《民事诉

讼法》等 13 部基本法律对立法变通权作了必要的规定。最后，相
关配套的法规和规章也是民族自治地区自治权的有力保障。因为民
族自治地区自治权的有效观测落实最终取决于对民族区域自治法的
细化和量化，即相关配套的法规和规章。国务院根据"领导和管理
民族事务，保障少数民族的平等权利和民族自治地方的自治权利"，
制定和颁布了一系列关于民族问题的行政法规。从 1979 年到 1999
年底制定的 800 多项行政法规中，约有 1/5 涉及民族问题的内容。

　　总的说来，关于民族区域自治权的法律保障，包括了五大板
块：宪法中关于民族区域自治权的规定；国家立法机关指定的有关
民族区域自治权的基本法律和相关法律；中央和地方行政机关指定
的有关民族区域自治权的细则、规定等；民族区域自治地方的自
治机关指定的自治条例和单行条例；对实施国家法律、行政法
规、地方性法规、规章等的变通和补充规定。多层级的法律体
系，是民族区域自治权法制化的重要规范体系，是民族区域自治
权的重要保障。

　　（四）经济发展自主权不断加强

　　民族区域自治权的核心价值取向，随着民族区域自治制度的核
心价值取向，在不同的历史时期有着不同的指引和选择。我国对少
数民族聚居地实行民族区域自治制度，最开始是为了解决我国多民
族问题、实现民族平等和民族团结、确保少数民族管理本民族内部
事务，因此，从早期的《共同纲领》、《实施纲要》到 1954 年的《宪
法》多是侧重于规定政治方面的权利，到 1982 年的《宪法》，尤其
是 1984 年的《民族区域自治法》则对经济方面的自治权进行了加
强，民族自治地区经济发展自主权不断加强。

　　《民族区域自治法》既要总结关于之前实行民族区域自治制度
正反两方面的经验，又要适应改革开放以来以经济建设为中心的社
会主义现代化的经验。其内容既要注意保障少数民族平等权利和自
治权利，又要着重发展民族自治地区的经济，突出了民族自治地区

的经济发展自主权。不仅规定了具体的经济管理权限，还具体规定了上级国家机关的领导和帮助责任。

2001 年，《关于修改〈中华人民共和国民族区域自治法〉的决定》在第九届全国人民代表大会常务委员会第二十次会议通过。这次修改主要集中体现在适应新的经济体制和上级国家机关的帮助职责上，绝大部分都围绕着发展民族自治地区经济展开，明确规定民族自治地区经济发展的方向为发展社会主义市场经济。同时，突出了自治权的重要地位，其规定也更为具体和更具有操作性。在经济管理自治权方面，在国家计划指导下，根据本地区的特点和需要，制定经济建设的方针、政策和计划，自主安排和管理本民族、本地区的经济建设事业。在此前提下，还规定了促进民族自治地区经济发展的优惠政策。

可以说，《民族区域自治法》强化了民族自治地区经济发展的自治权。同时，《民族区域自治法》的修正，是在民族自治地区的经济和文化快速发展的同时与经济发达地区发展差距拉大和西部大开发战略开始启动的新形势下进行的。这次修改的主要内容或者说贯穿这次修改的基本精神即主题，是加快民族自治地区的发展。

（五）民族区域自治权的民族自主原则

民族自主，是指在民族平等的基础上，各民族人民有权决定自己的命运，有自己处理自治事务的权利。一方面，所有民族都是平等的，每个民族都是自主的，民族平等是民族自主的基础；另一方面，民族自主就是在不侵犯其他民族权利的条件下，各民族有权自由决定自己的命运，有权根据自己的意志处理自己的事务。近代以来，民族自主原则成为世界各民族国家政治合法性的基础。没有参政权和自治权，就没有现代民主政治，民族自主就无从谈起。自治是在坚持集中的前提下，强调区域的特殊性，尤其是与其他区域的差异性。民族区域自治，在民族聚居地设立自治机关，行使自治权，使少数民族当家做主，自己管理本民族、本地区内部事务，充分体现了民族区域自治权的民族自主原则。

民族自主原则集中体现在各个方面的自主权利。政治上，每个民族实现自己管理本民族、本地区内部事务，参与管理国家并制定维护各民族利益的法律、法规，以便做出有利于民族发展的计划和安排。经济上，根据各民族聚居地区的实际情况和需要，自主发展本民族、本地区经济。文化上，自主发展具有民族特色的民族文化，做好民族优秀文化的继承和传承。

第三节　财政自治权

财政自治权是民族自治地区一项十分重要的民族区域自治权。民族区域自治是解决我国民族问题的基本政策和重要政治制度，民族区域自治权是在民族自治地区的少数民族自治机关行使管理本地区、本民族事务的基本权限，财政自治权是民族区域自治权的重要内容。

中华人民共和国成立后很长一段时间，我国经济发展水平较低，国家财政比较困难。需要把有限的财力，集中使用在关系国家经济和社会发展命脉的大事上。但对于财政困难的民族自治地区，还是给予了一定的照顾。这些照顾有体制方面的，也有政策方面的，还有资金、项目等方面的，这些实践为民族自治地区的财政自治权的建立和完善提供了理论和实践经验。在社会主义建设过程中，党和国家对民族自治地区发展十分重视，从法律的角度对民族自治地区财政给予了根本上的保障。

我国现行《宪法》规定："民族自治地方人民代表大会享有财政立法权、财政监督权和预算审查权。"《民族区域自治法》也明确规定民族自治地区财政是一级财政，是国家财政的组成部分，民族自治地区自治机关有管理地方财政的自治权。国家对民族自治地区财政建设的重视，体现在中华人民共和国成立以来对民族自治地区财政建设所制定的一系列法律法规。1956 年国务院颁布《关于民族自治地方财政管理办法》规定，民族自治区征收的税收，除关税外全部划给自治区。1958 年的《民族自治地方财政管理暂行办法》加大了对民族自治地区的财政援助力度。同年的《关于改进税收管理体制的规定》更是赋予了民族自治区可以根据本地实际情况，改进本自治区的税收办法的权利。修改后的《民族区域自治法》则规定了上级财政对民族自治地区的必要照顾。

一、民族自治地区财政政策的制度演变

中华人民共和国成立以来，国家对民族自治地区，除按一般地区的财政制度规定执行外，根据少数民族自治地区的实际情况与国内经济和社会形势的变化，制定了不同时期的民族自治地区财政政策。

（一）国民经济恢复和“一五”建设时期（1949~1957 年）

在国民经济恢复和“一五”建设时期，国家为恢复和发展少数民族自治地区经济建设，采取了许多重大决策。首先基本完成了少数民族自治地区的社会主义改造（西藏除外），其中最重要的是逐步改变了旧中国的经济建设布局，执行了重工业建设重点转向内地的方针，加快了经济建设的步伐。中华人民共和国面临着复杂的国际国内形势。在民族问题上，少数民族对刚刚建立的各级人民政府仍然持有不信任的态度，部分地区甚至存在严重的民族对立。国家开始了国民经济恢复和第一个五年计划，采取了许多消除民族隔阂和促进民族团结的政策。

这一时期国家实行的是“高度集中、统收统支”、“统一领导、划分收支、分级管理、侧重集中”的财政管理体制。党和国家开始对民族自治地区实行统一领导、分级管理，根据民族自治地区地广

人稀、自然条件差、各民族生活习俗差异大的特点，对民族自治地区实行财政优惠政策。除规定民族自治地区财政应有一定范围的自主权，收支结余上缴中央，不足部分由国家补助外，同时，为加快民族自治地区基础产业的发展，对农业长期实行"依率计征、依法减免、增产不增税"的轻税政策；牧业上采取比农业和城市更轻的税收政策；对生活困难、生产落后和交通不便的民族自治地区及贫困地区实行"轻灾少减、重灾多减、特重全免"的税收政策；对边疆民族自治地区实行工商税收负担轻于内地的税收政策。《国务院关于编造 1954 年国家预算草案的指示》使得民族自治区拥有比一般省市更大的收入来源和机动财力。当时规定省、直辖市预算设预备费为 2%~3%，而内蒙古自治区、新疆维吾尔自治区和西藏地区总预算设预备费为 4%。1955 年国家财政开始设置实施至今的少数民族聚居地区补助费政策，包括发放生产补助费、卫生补助费、社会救济费和无息贷款等补助专款。

这些财政政策的实施，有利于民族自治地区的休养生息，稳定民族自治地区的社会环境，同时促进民族自治地区的经济恢复。根据不同时期的具体情况，分批建立财政专项资金，以满足民族自治地区特殊的支出需要。这一段时期的财政政策，是中央在保证国家的统一领导下，探索、尝试建立符合民族自治地区实际情况的财政政策。在《国务院关于编造 1954 年国家预算草案的指示》中明确规定："民族自治区在财政上应有一定范围的自治权。"可以看作是我国进行民族区域自治地区享有财政自治权的有益探索。

（二）国民经济调整时期（1958~1965 年）

1958 年开始的"大跃进"和人民公社化，使得我国民族工作出现了错误倾向，财政政策也出现了偏差，使民族自治地区的国民经济尤其是农牧业的生产受到了严重破坏。但与此同时，民族自治地区的工业也取得了一些成就。国家开始试行财政与工业和商业配套、适当扩大地方财政权限的改革思路。

1958 年国务院出台的《关于民族自治地方财政管理暂行办法》，是我国第一个以立法形式出现的、体现民族自治地区的财政自治权的法规。该办法规定：中央分别核定自治区的收支，收大于支，定额上交；支大于收，中央补助。为了适应自治州、自治县经济、文化的发展，中央对管辖有民族自治地方的省计算支出基数时，在全省的支出总额以外，对自治州的支出基数增加 7%~8%，对自治县的支出基数增加 4%~5%，作为特殊照顾。收支项目和上缴数额，一定五年不变。但上级补助数额，可以按照民族自治地方每年建设事业发展的需要，予以变动。该办法既体现了国家财政统一领导、分级管理的原则，又赋予了民族自治地区一定的财政自治权限，进一步扩大了民族自治地区的财政机动资金，为改进民族自治地区财政管理体制初步奠定了一定的基础。但由于"大跃进"的到来及三年自然灾害的出现，国家经济建设出现重大问题，国家财政严重困难，上述规定实际上并没有得到完全执行。

1963 年，国务院颁发了《关于改进民族自治地方财政管理的规定（草案）》，决定从 1964 年起施行"核定收支、总额计算、多余上交、不足补助、一年一变"的规定，该草案实际上是对 1958 年《关于民族自治地方财政管理暂行办法》的政策响应，并对《暂行办法》作出了具体的规定，明确了民族自治地区有别于一般地方财政的预算管理办法。为促进民族自治地区经济发展，该规定计划从 1963 年起，对边远山区、边远牧区的民族贸易企业，在自有资金、利润留成、价格补贴方面实行实施至今的"三项照顾"政策。具体包括：①预备费的比例高于一般地区，自治区的预备费按支出总额的 5%计算，比一般省、市高 2%，自治州的预备费按支出总额的 4%计算，自治县的预备费按支出总额的 3%计算（一般县是 1%）。②核定预算收支时，按上年经济建设事业费、社会文教事业费、行政管理费及其他事业费的支出决算数加 5%的机动资金；决定对属于民族自治地方的特殊开支，由中央每年安排一笔民族自治地区补助费；当年预算超收部分全部留给地方。③税收上给予必要的减税和免税照顾，必要时还可以结合本地区的特点，制定税收征管办法，报国务院批准执行。按照上述"三项照顾"政策，到 1998 年国家对少数民族自治地区累计补助达到 168 亿元，并且在 20 纪 90 年代实行分税制后仍予以保留。

由于当时政治环境的特殊性，整个国家财政体系面临崩溃的边缘，虽然规定了国家财政对民族自治地区给予必要和适当的照顾，但是该规定难以全面执行。总体说来，这段时期民族自治地区的财政政策，仍然处于探索阶段。但这个时期的财政政策，已经进入相对规范的阶段。

（三）"文化大革命"和两年徘徊时期（1966~1978 年）

1966 年开始的"文化大革命"打乱了国民经济的正常发展进程，整个国民经济陷入困境。民族区域自治制度也遭受到前所未有的破坏，少数民族自治地区经济建设特别是农牧业生产受到严重损失。1949~1965 年，民族自治地区的工农业总产值年均增长率为 10%以上，"文化大革命"期间降为 4.6%。更为严重的是，1975 年《宪法》删除了 1954 年《宪法》中关于民族区域自治的规定，特别删除了关于自治权的具体规定。但是这个时期国家加大了国家大、中、小三线建设，少数民族自治地区出现了门类较多的工业项目，中小工业得到较快发展。但是在严重的国内危机下，民族自治地区的财政呈现出不断波动的特点。

这段时期，不仅仅是民族自治地区的财政政策，其他国家实施的差别化政策，基本上都采取"能维持的维持，能执行的执行"的原则。民族自治地区财政方面，1968 年起实行收支两条线的办法，对民族自治地区财政支出需要的资金给予专项照顾，给予必要的支持。1972~1975 年对民族自治地区设置了补助专款；1977 年设置了边疆建设事业补助费，主要用于 6 个边疆省区发展生产、文化教育和卫生事业并且一直实施至今；1977 年设置并于 1988 年取消了边疆建设专项补助投资政策；国家根据民族自治地区边远落后的特点，对其实行税收减免和优惠税率的照顾政策，对边境县和自治县乡镇企业免除了 5 年工商税收；对民族省区基建企业实行降低成本，在扣除营业外支出和提出企业基金后，按降低成本额三七分成；对实行民族贸易"三项照顾"地区的供销社免征所得税，并对民族用品手工业企业所得税定期减免。

国家对民族自治地区在这段时期实行的是给予特殊照顾的"总额分成、一年一定"的办法，民族自治地区财政政策迫于应付动乱的时局不断变化。虽然保留和新出台了一些新的照顾性政策，但总的说来，民族自治地区政策仍处于频繁变动和不稳定阶段。

（四）改革开放时期（1978~1993 年）

党的十一届三中全会以后，国家的重心转移到社会主义现代化建设上。改革开放 30 多年，是民族自治地区经济发展最快的 30 多年。国家开始全面改革原有的计划经济体制，财政体制方面实行分级财政体制，开始"分灶吃饭"的财政体制。对于民族自治地区，除关注其经济发展之外，尤为关注贫困问题，开始大规模的扶贫工作，并为此制定地区与地区之间的对口支援及外贸等政策。

20 世纪 80 年代启动的划分收支、分级包干财政管理体制，地方财政在按照企业和事业单位的隶属关系进行划分的收支范围内实行多收多支、少收少支、自求平衡的财政体制。1980 年的《国务院关于划分"划分收支、分级包干"的财政管理体制的通知》规定，对民族自治地区仍实行民族自治地区的财政管理体制，除保留原有某些规定外，以 1979 年收支预计数作为支大于收的基数，确定中央补助额，补助额每年增长 10%。纳入民族自治地区包干范围的还包括 5% 的机动金、比一般地区多设的预备费、一般补助费等三项照顾。定额补助的递增额由各民族省、区确定。1985 年实行"划分税种、核定收支、分级包干"的财政管理体制，对民族自治地区仍采用"适当照顾"政策。对民族自治地区的补助数额由

"一年一定"改为"五年一定",除增收部分外,全部留给地方。但由于中央财政吃紧,中央对民族自治地区的等额补助改为 5%,1988 年全部取消定额补助递增比例。从 1950 年就开始实行的民族机动金、预备费政策在 1980 年实行财政包干后一并计入包干基数,不再单独逐年划拨。除此之外,1980 年还设立了支援不发达地区发展资金并实施至今,主要用于少数民族自治地区和经济不发达地区的经济、文化和卫生事业的发展。1977 年设立的用于发展边境生产建设和文教卫生事业的边境事业补助费也实施至今。1977~1988 年还设立了用于基础设施建设的边疆建设事业补助投资等专项补助资金。

这段时期,中央总结了前段时期民族自治地区经济工作中的不足,恢复了在"文革"时期中止的合理的财政政策,在实施新的财政管理体制的同时对民族自治地区仍实施特殊照顾,但总的说来,民族自治地区财政体制的特殊性在逐渐消失。分级包干的财政体制是这时期民族自治地区财政的主要特征,带有少许的照顾政策。民族自治地区财政处于逐渐恢复和发展阶段,少数民族经济得到快速发展。

(五) 财政转轨与发展并进时期 (1994 年至今)

分级包干的财政管理体制使得地方收入增加迅速,中央财政收入急剧减少。党的十四大明确提出我国经济体制改革的目标是建立社会主义市场经济体制,与之相适应的是财政体制改革开始构建与市场经济发展相契合的财政管理体制。为进一步理顺中央和地方的财政分配关系,更好地发挥国家财政的职能作用,增强中央的宏观调控能力,从 1994 年开始实行分级分税的财政管理体制,称为"分税制"。

1993 年,国务院发布了《关于分税制财政管理体制的决定》。按照事权与财权统一的原则,结合税种的特征,划分中央与地方的税收管理权限与税收收入。还确定了中央对地方的税收返还数并保留了原中央补助、地方上解及有关结算事项的处理，原有的对民族自治地区的各种补助和专项拨款全部保留。1995 年的《过渡性转移支付办法》根据民族自治地区特殊情况，逐步增加政策性转移支付的力度。总的说来，分税制的财政管理体制对民族自治地区的照顾政策具体有：

第一，政策性转移支付。国家从 1995 年开始实行的《过渡性转移支付办法》，对民族八省区（内蒙古、宁夏、新疆、广西、西藏、云南、贵州和青海）及其他省的民族自治州增设政策性转移支付内容，并随国家财政收入的增加而增加。过渡性转移支付办法经过 1995 年试行后，随后的三年又进行了改进。从 2002 年起，过渡性转移支付为一般性转移支付所取代。

第二，增加专项补助和增值税增量返还。为加大对民族自治地区的财政支持，从 2000 年起，每年增加民族自治地区专项转移支付 10 亿元，并将民族自治地区每年增值税增量的 80% 由中央转移支付给民族自治地区。

第三，对民族自治地区实行税收优惠政策。对生产落后、生活困难的民族自治地区和贫困山区，可以减征或免征农业税和农业特产税，西藏自治区免征农业税。在"老、少、边、穷"的地区新办企业，经主管税务机关批准，从开始生产经营日起，减征或免征企业所得税三年。保留了对民族自治地区的税收管理权限。

分税制改革使得民族自治地区多项特殊财政政策停止执行，民族自治地区财政体制的特殊性基本消失。作为对于利益分配关系深刻调整的巨大变革，分级分税财政管理体制，除了对原有民族自治地区的补助和专项拨款等临时性政策予以保留外，基本上没有给西部地区特别是民族自治地区实行差别化财政体制的空间。分税制实施产生的"财权上收，事权下卸"使得民族自治地区形成了很大的财政负担。从 2000 年起，中央加大了对民族自治地区的转移支付力度，并特设了专门性的民族自治地区转移支付。并从 2001 年起，利用西部大开发对民族自治地区实行税收优惠政策。党的十六大提出全面建设小康社会的目标，为缩小各民族之间的差距，改善民族自治地区生产生活条件，在充分考虑民族自治地区公共服务支出成本差异上，加大对民族自治地区的转移支付力度。这段时期民族自治地区的财政处于转轨与发展阶段，并进行不断调整和深化改革。

（六）恩施州财政管理体制

1983年8月19日，原恩施地区所属县市及地直的收支包干基数合并转入鄂西州（恩施州前身为鄂西土家族苗族自治州，简称鄂西州），成立州财政金库。建州后，为支持民族自治地区经济文化发展，湖北省将民族贸易企业按50%计算的利润留成差额及按包干支出总额10%计算的财政"三项照顾"（即机动金、预备费、补助费）分别打入鄂西自治州基数，据此调整全州财政包干基数和定额补贴数额。1984年，全州收支包干基数和定额补贴数额分别调为2877.4万元和7866.4万元，按总收入的63.4%比例留成1827.1万元；支出包干基数与收入留成相抵，定额补助基数为6039.3万元，并规定每年以10%递增定额补贴。

1985年实行新的财政体制。湖北省对鄂西州从本年起实行"划分税种、核定收支、分级包干、收大于支的定额上交，收不抵支的等额补贴，达不到基数不补，一定五年"的办法。财政定补递增率由10%降为5%，少数民族财政"三项照顾"按中央规定由省补助，打入支出基数。

从1986年起，湖北省根据中央调整、补充、完善的精神，进一步理顺财政分配关系，对鄂西州定额补贴递增率由5%恢复到10%；1988年中央财政会议决定取消全国少数民族自治地区定补递增政策，但湖北省仍保留了当年5%的定补递增。1989年和1990年，鄂西州仍然执行"定额补贴、欠收不补、超收全留"的包干体制，留成100%。从1989年起不再享受定补递增5%的照顾。

1994年1月28日，湖北省人民政府颁发鄂政发〔1994〕9号文件，决定对全省实施分税制。省对地市州实行新老体制"双轨"并行，即原体制原则上继续执行，该上缴的上缴，该补贴的补贴（恩施州属补贴地区），沿袭原包干体制的分配格局，新体制上划中央的税种不进基数，不与老体制混在一起，以税收返还的形式转移地方；增量大部分上缴中央，地方的税收返还递增率与上划中央的收入的增量挂钩。2002年，湖北省人民政府印发《省人民政府关于进一步调整和完善分税制财政体制管理体制的决定》（鄂政发〔2002〕29号），决定从2003年1月1日起，进一步调整和完善现行分税制财政管理体制。调整和完善财政管理体制内容如下：

根据中央所得税收入管理规定，划分省与市州的收入范围，企业所得税、个人所得税、增值税25%部分属地方收入范围，营业税实行中央、省与地市州分享，并对7个小税种的结算政策予以调整，其他财政收入省与地市州划分范围不变。①企业所得税和个人所得税2002年中央分享50%，省分享20%，市州分享30%，2003年中央分享60%，省分享15%，市州分享25%，2004年至今，省、市分享比例与2003年相同。②增值税将原省级增值税全部下放到市州属地征管，实行中央、省、地市州按比例分享。其中，中央分享75%，省分享8%，市州分享17%，同时省分享相应的税收返还增量。③7种小税以2001年实际入库数为基数实行定额上解省，未实行增量分享。营业税将原省级营业税全部下放到市州属地征管，除铁道部缴纳的铁道营业税、各银行总行和保险公司缴纳的全部金融保险营业税继续作为中央收入外，其余的营业税全部为省与市州分享，具体比例为省分享30%，市州分享70%。④调整城市维护建设税、城镇土地使用税、印花税、固定资产投资方向调节税、耕地占用税和教育费附加等7种小税种年递增10%上缴省财政的结算政策，从2002年起改为定额上缴省财政。

二、财政自治权的具体内容

财政自治权是我国民族自治地区实现民族区域自治权的先决条件，只有有了财政自治权，民族自治地区才能结合本民族、本地区的实际情况，灵活制定有利于发挥并调动民族自治地区经济优势的政策和措施。虽然现行"一刀切"的分税制财政管理体制并没有明确规定民族自治地区财政自治权的具体内容，但是《宪法》和《民族区域自治法》及其他法律法规规定民族自治地区可以结合本民族、本地区的实际情况制定、落实有关财政的自治条例、单行条例或有关法律的变通执行及更改，组织本地区财政收入，统筹分配财政资金，自主管理本地区财政事务。概括地说，民族自治地区财政自治权的具体内容有：

（一）财政自治的立法权

《宪法》第一百一十五条规定，民族自治地区的自治机关"依照宪法、民族区域自治法和其他法律规定的权限行使自治权"。《中华人民共和国民族区域自治法》第一百一十九条规定："民族自治地方的人民代表大会有权依照当地民族政治、经济和文化的特点，制定自治条例和单行条例。"第二十条规定："上级国家机关的决议、决定、命令和指示，如有不适合民族自治地区实际情况的，自治机关可以报经该上级国家机关批准，变通制定或停止执行。"可以看出，民族自治地区财政自治的立法权，主要包括：

1. 有权制定财政自治条例和单行条例

自治条例是民族自治地区立法机关和政府行使自治权的法律标志，通常规定有关本民族、本地区实行区域自治的组织原则、机构设置、自治机关的职权及其他重大问题，是自治机关处理本民族、本地区内部事务的基本依据和活动准则。单行条例是民族自治地区的人民代表大会根据本民族、本地区的实际情况，在民族区域自治权范围内制定的单项法规。自治条例和单行条例都属于地方性立法性行为，相当于地方性法规，但又与一般的地方性法规不同，属"特殊的地方性法规"，其法律效力仅限于自治权管辖的范围。它们和一般的地方性法规不同之处主要在于：

（1）产生的前提不同。省、直辖市等权力机关制定颁布地方性法规，不得和国家宪法、法律、政策相抵触。而法律对自治地区制定自治条例和单行条例没有预设这个前提条件。

（2）直接目的不同。自治条例和单行条例制定的直接目的是为了使自治地方更好地行使自治权，为了更好地实施民族区域制度。

（3）制定机关不同。自治区、自治州、自治县的权力机关均有权制定自治条例和单行条例。而一般的直辖市（部分除外）和县（包括县级市）无权制定地方性法规。

（4）批准程序不同。地方性法规只要经本级人民代表大会或其常务委员会通过、批准即可生效。自治条例和单行条例却需上报有关权力机关批准后才可生效。

（5）内容不同。自治条例内容广泛，涉及政治、经济、文化各个方面，地方性法规中不会出现类似内容的法规；单行条例有的专为对国家有关法律的变通而制定。

民族自治地区制定自治条例和单行条例，既是宪法和自治法赋予的自治权，又是贯彻实施自治法的配套法规。民族自治地区可以根据本地区财政的特点制定财政自治条例和单行条例，单行条例更具有具体性和针对性。

2. 有权决定变通执行、停止执行有关财税法规或补充法律

民族自治地区可以在自治条例中制定关于财政的条款，制定关于财政的单行条例。根据本地区、本民族的实际情况，在上级国家机关的授权下，制定关于财政的不同或补充规定，可以变通执行、停止执行有关财税法规中不符合本地区、本民族实际情况的决议、决定等。

（二）财政资金管理自治权

民族自治地区的自治机关的财政自治权内容之一是有权组织管理财政收入。《民族区域自治法》对民族自治地区组织管理财政收入自治权的规定有："凡是依照国家财政体制属于民族自治地方的财政收入，都应由民族自治地方的自治机关自主地安排使用。""民族自治地方的自治机关在执行财政预算过程中，自行安排使用收入的超收和支出的结余资金。""民族自治地方的自治机关对本地方的各项开支标准、定员、定额，根据国家规定的原则，结合本地方实际情况，可以指定补充规定和具体办法。"

目前，国家对属于民族自治地区的财政收入大体作了如下规定：第一，按照现行财政体制的规定，地方税和共享税中属于地方收入的部分；第二，根据民族区域自治法和预算法的规定，中央通过转移支付，依照规定的比例从收入中返还给地方的部分；第三，根据民族区域自治法的规定，国家划拨的民族自治地方享有的各项专用基金和临时性的民族补助专款。民族自治地区有权自主安排使用以上财政收入。

（三）财政援助的接受权

财政援助的接受权即民族自治地区根据自己的实际需要，依法享有国家及上级机关的财政援助。由于历史因素的影响，民族自治地区经济基础薄弱，财政收入偏低，对中央和上级机关的依赖程度较高。一定时期的财政困难无法凭自身得到解决，相当程度上都依赖于中央和上级机关的援助。《民族区域自治法》对民族自治地区的财政援助的接受权规定如下："民族自治地方在全国统一的财政体制下，通过国家实行的规范的财政转移支付制度，享受上级财政的照顾。""随着国民经济的发展和财政收入的增长，上级财政逐步加大对民族自治地区财政转移支付力度。通过一般性财政转移支付、专项转移支付、民族优惠政策财政转移支付以及国家确定的其他方式，逐步缩小与发达地区的差距。"2005 年通过的《国务院实施〈中华人民共和国民族区域自治法〉若干规定》规定："上级财政支持民族自治地方财政保证民族自治地方的国家机关正常运转、财政供养人员工资按时足额发放、基础教育正常经费支出。上级人民政府出台的税收减免政策造成民族自治地方财政减收部分，在测算转移支付时作为因素给予照顾。国家规范省级以下财政转移支付，确保国家对民族自治地方的转移支付、税收返还等优惠政策落实到自治县。""国家设立各项专用资金，扶助民族自治地方发展经济和社会各项事业。中央财政设立少数民族发展资金和民族工作经费，资金规模随着经济发展和中央财政收入的增长逐步增加。地方财政相应设立并安排少数民族发展资金和民族工作经费。"这些规定使得国家逐步加大了对民族自治地区财政转移支付力度，各项资金的分配也向民族自治地区倾斜。体现了国家对民族自治地区在财政上的特殊照顾和扶持，使民族自治地区的自治机关拥有更多的财政管理自主权。

（四）地方税收自主权

民族自治地区依照《宪法》、《民族区域自治法》以及其他法律法规的规定，结合本民族、本地区的实际情况，制定、落实有关税收的自治条例、单行条例或有关法律的变通及补充规定，自主管理属于本民族、本地区的税收事务。民族自治地区税收自主权具体表现在两个方面：

1. 民族自治地区自治机关自主管理属于本地区的税收收入

税收是财政收入的主要来源，按照现行财政体制的安排，地方税和共享税中属于地方收入部分都由民族自治地区享有和支配。"凡是依照国家财政体制属于民族自治地方的财政收入，都应由民族自治地方的自治机关自主地安排使用"。"民族自治地方的自治机关在执行财政预算过程中，自行安排使用收入的超收和支出的结余资金"。"民族自治地方的自治机关对本地方的各项开支标准、定员、定额，根据国家规定的原则，结合本地方实际情况，可以指定补充规定和具体办法"。

2. 民族自治地区享有税收优惠

"除应由国家统一审批的减免税收项目外,民族自治地方的自治机关对属于地方财政收入的某些需要从税收上加以照顾和鼓励的,可以实行减税或免税。自治州、自治县决定减税或者免税,须报省、自治区、直辖市人民政府审批"。"上级国家机关对民族自治地方的商业、供销和医药企业,从税收等方面给予扶持"。"上级国家机关在投资、金融、税收等方面扶持民族自治地方改善农业、牧业、林业等生产条件、交通、能源、通信等基础设施;扶持民族自治地方合理利用本地资源发展地方工业、乡镇企业、中小企业以及少数民族特需商品和传统手工艺的生产"。"国家通过一般性转移支付、专项转移支付、民族优惠政策财政转移支付以及其他方式,充分考虑民族自治地方的公共服务成本差异,逐步加大对民族自治地方财政转移支付力度……上级人民政府出台的税收减免政策造成民族自治地方财政减收部分,在测算转移支付时作为因素给予照顾。国家规范省级以下财政转移支付制度,确保国家对民族自治地方的转移支付、税收返还等优惠政策落实到自治县。"《关于西部大开发若干政策措施的实施意见》主要规定了以拨款、优惠贷款和减免税为主要内容的政策措施。2002 年财政部、国家税务总局和海关总署联合签署的《关于西部大开发税收优惠政策问题的通知》,明确规定从 2001 年 1 月 1 日起,对西部大开发实行六项税收优惠政策,共涉及企业所得税、农业特产税、耕地占用税、关税和进口环节增值税五大税种。

三、我国财政自治权的落实情况

民族区域自治制度赋予了民族自治地区各种自治权,采取一系列照顾少数民族经济发展的优惠政策,努力缩小民族自治地区与其他地区的发展差距,促进各民族共同繁荣和进步。国家对民族自治地区采取的财政政策，根据不同历史时期民族自治地区的实际情况，给予了不同的财政照顾性措施，财政自治权在民族自治地区实施以来，民族自治地区经济得到明显的发展，民族自治地区的财政困境得到了显著的改善。从我国民族自治地区财政政策的演变来看，民族自治地区财政自治权的实施取得了明显的成就。

（一）财政自治权实施取得的成就

我国民族自治地区的财政政策，是国家为了实现民族自治地区一定的社会政治经济文化目标而制定的，在民族聚居地范围内实施，指导和处理民族自治地区财政分配活动的基本准则和行为规范。民族自治地区财政自治权实施的目标，要体现国家的社会经济发展战略的基本要求，有利于消除民族间存在的事实上的不平等，有利于实现各民族共同富裕的目标，同时还要符合民族自治地区社会经济文化发展实际。

1. 恢复和发展了民族自治地区经济，综合实力明显增强

自第一个五年计划开始，我国实行"划分收支、分级管理、分类分成"的财政体制管理模式，考虑到民族自治地区实际情况，规定除了民族自治地区享有一定范围的自主权、收支结余上解中央、不足部分由国家补助外，还发放生产补助费、卫生补助费、社会救济费及无息贷款等补助专款。这些具体的措施对于中华人民共和国成立初期稳定民族自治地区的社会经济、恢复生产起到了重要的保障和推动作用。20 世纪 60 年代，随着民族自治地区经济的逐步恢复，对民族自治地区实行"财政适当照顾、必要补助"的财政政策，民族自治地区上年支出决算数另加 5% 的机动金，使得民族自治地区财政预算的预备费高于一般地区，国家预算每年安排一笔少数民族补助费作为民族自治地区特殊性政策，民族自治地区上年的结余和当年预算执行过程中超收分成部分，都留归民族自治地区安排使用，这一照顾政策极大地缓解了民族自治地区的财政困难。20世纪 80 年代为适应改革开发的需要，国家财政体制采取"划分税

种、核定收支、分级包干"的模式，对民族自治地区采取"适当照顾"的政策。对五个民族自治区和三个多民族省份青海、云南和贵州实行每年递增 10% 的定额补助制度外，还设立专门用于少数民族自治地区和经济不发达地区发展经济、文化、卫生事业的"支援不发达地区发展基金"、"边境事业补助费"、"边疆建设专项补助投资"。这一时期的财政分级包干财政体制，使民族自治地区的财政自主权有了很大提高，民族自治地区的财政状况得到极大改善，综合实力不断增强。

1949~1952 年是国民经济恢复时期，恩施州工农业产值增长了29.7%。1953~1957 年第一个五年计划时期恩施州国民生产总值年均增加 6.3%，工农业生产总值年均增长 7.6%，国民经济得到极大的恢复。"文化大革命"期间，经济建设遭到严重破坏，但经济仍有缓慢增长，1965~1975 年，国民生产总值年均增长 13.6%，财政收入年均增长 2.0%。党的十一届三中全会后，通过有计划地调整国民经济，加快农业和轻工业的发展，逐步改善农、轻、重的比例，经济建设和社会事业取得较大发展。在民族自治地区特殊财政政策支持下，综合实力明显增强，1980 年国民生产总值为 7.01 亿元，1995 年为 61.73 亿元，2000 年为 118.36 亿元，2011 年为418.19 亿元。财政收入方面，1980 年全州为 6283 万元，1995 年为5.73 亿元，2000 年为 10.6 亿元，2011 年为 71.95 亿元。

1983 年，湖北恩施土家族苗族自治州成立后，随着国家一系列对民族自治地区优惠政策的逐步到位，上级对恩施州的扶持力度加大。特别是分税制财政体制后，上级对恩施州执行转移支付、税收返还政策，财政补助增加迅速。1983 年上级补助收入为 9134 万元，1993 年为 15225 万元，1994 年上升为 42042 万元，2009 年更是增加到 812045 万元。以 2009 年为例，全年上级专项补助为812045 万元，其中税收返还为 58314 万元，仅占 7.18%。一般性转移支付为 387345 万元，占 47.69%。专项转移支付为 366386 万元，占 45.17%。而当年恩施州全年财政收入仅为 474965 万元（含上划的中央、省四税，上划的中央四税即国内增值税 75%、国内消费税 100%、企业所得税 60%、个人所得税 60%，省四税即国内增值税 8%、营业税 30%、企业所得税 15%、个人所得税 15%），支撑着恩施州财政支出绝大部分的上级补助，给予恩施州经济发展极大的动力。

2. 立足实际，促进民族自治地区产业结构的调整

民族自治地区财政自治权的落实，极大地调动了民族自治地区自治机关发展本民族、本地区经济，促进了民族自治地区产业结构调整的积极性。自治机关从本民族、本地区的实际情况出发，自治安排、管理使用财政资金，合理调整本地区产业结构，优先扶持、发展本地区优势企业和龙头企业，合理配置资源，进而优化本地区产业结构。

在上级财政支持下，恩施州第一个五年计划全面发展农业、大力发展工业。在国民经济调整时期，压缩工业生产和基本建设规模，大力发展农业和轻工业生产。第五个五年计划时期，有计划地调整国民经济，加快农业和轻工业发展，逐步改善农、轻、重的比例关系，经济建设得到较大发展。1975~1980 年，国民生产总值年均增加 6.1%，工农业生产总值年均增加 5.5%。1991~1995 年，全州基本实现了"解决温饱、培植后劲、为系统开发打基础"的阶段性目标。第一产业年均增加 5.3%，第二产业年均增加 15.3%，第三产业年均增加 11%。到 1995 年，三次产业增加值比值为 50：23：27，2000 年为 44：25：31。2007 年三次产业构成由 2006 年的 38.4：25.1：36.5 调整为 37.7：23.6：38.7，第三产业从此成为恩施州三次产业中比重最大的产业。这得益于恩施州利用得天独厚的地理条件，开拓本地旅游资源，充分发展本地旅游业。到 2011 年产业结构调整成效明显，三次产业构成由 2010 年的 30.7：28.7：40.6调整为 28.3：31.8：39.9，第二产业比重首次超过第一产业。

3. 科学合理地调整民族自治地区理财思路

在国民经济恢复时期，为恢复和发展少数民族自治地区经济，中央规定了民族自治地区财政有一定范围的自主权，除收支结余上缴中央，不足部分由国家补助外，还发放生产补助费、卫生补助费、社会救济费和无息贷款。税收方面，不仅实行各种税收优惠，而且还采取低于内地的税收政策。这些措施的实施，对民族自治地区的休养生息和经济的恢复起到了极大的作用。到国民经济调整时期，民族自治地区已经建成了一批大、中、小工业企业，基础设施也得到全面发展。这一时期的民族自治地区财政支出方面，肯定了民族自治地区财政的自治性，逐步尝试扩张性财政政策。实施照顾民族习俗的有限自治，给予税收管理上更大的机动权限，民族自治地区可以自主根据本地区、本民族需要决定减税或免税。

改革开放时期，民族自治地区财政实行体现优待、自治和扩张性的政策，财政支出主要用于边境建设事业和促进少数民族自治地区生产发展、改善各民族人民生活等方面。民族自治地区从此进入全面、高速发展时代，财政收入增长迅猛，基础设施进入全面建设时期，基本解决民众温饱问题。根据《国务院关于实施西部大开发若干政策措施的通知》（国发〔2000〕33 号）和《财政部、国家税务总局关于西部大开发税收优惠政策问题的通知》（财税字〔2001〕202 号），2001~2010 年十年时间实行西部大开发战略，加快中西部地区的均衡协调发展。经过十年的实施，整个西部地区的 GDP和人均国内生产总值的增幅均高于全国平均水平，是中华人民共和国成立以来增长最快的十年。

恩施州在国民经济恢复时期，在进行社会改革的同时，迅速恢复了遭到严重破坏的国民经济，全面发展农业、大力发展工业。国民经济调整时期，压缩工业生产战线和基本建设规模，大力发展农业和轻工业生产，开展了精简职工和压缩城镇人口等一系列工作。改革开放至第八个五年计划时期，是恩施州历史上发展较快的时期之一。相继建成了一批重点企业、骨干企业和农村支柱产业，逐步建立起烟草、医药、化工、建材、机械、电力、冶金、纺织、皮革等门类较为完整的工业体系和以烟、茶、果、林、牧为主的林、特、牧农业商品生产基地，完善了以州府为中心的电力调控网络和上下联通、内外开通的交通运输格局及现代化程度较高的通信网络。第九个五年计划时期，恩施州坚持以经济建设为中心，坚持深化改革，扩大开放，牢牢把握发展主旋律，探索出一条具有山区特色的发展之路。经济快速发展，综合实力明显增强。固定资产投资大幅度增加，仅"九五"期间，全州固定资产投资额相当于中华人民共和国成立以来至1995年全部投资总额的1.43倍。通过固定资产投资，有效扩大内需，新增一大批生产能力和效益俱佳的特色产业，经济发展后劲得到增强。从2000年开始，坚持民族团结进步的主题，把握发展第一要务，全面贯彻落实西部大开发、民族自治地区大发展、整体推进式扶贫等政策机遇，在软硬件建设、重点项目建设、支柱产业建设、城镇建设、社会事业及社会保障体系建设等方面取得明显成效。产业结构不断优化，以优势特色产业开发为重点，大力调整产业结构，着力培植有特色优势和市场竞争力的产业，初步形成了烟叶、茶叶、畜牧、林果、药材、特色蔬菜六大农业主导产业，以卷烟、水电、富硒绿色食品、药化、建材为主的五大工业逐步壮大，以重点景区建设为主的旅游产业初步建成。基础设施建设成效明显，大交通骨架基本完成。人民生活不断改善，全州基本建立起覆盖企事业单位的社会保障体系和覆盖城乡的社会救助体系。实施整体推进的扶贫攻坚政策，基本消除了农村特困户的茅草屋和饮水问题。

4. 加快财政改革步伐

我国财政体制历经了多次调整和改革，为民族自治地区财政自治权的落实创造了良好的环境。每一次财政体制的变革，都会引起对民族自治地区的照顾性措施的变化。这种变化多是由中央单独做出的，民族自治地区很少积极主动参与。而且，这种变化主要靠政策调控而缺乏严格的法律约束，一定程度上使民族自治地区在财政上形成了对中央的依赖。尽管如此，恩施州在民族区域自治权和财政自治权范围内，仍然尝试探索财政改革。

一是进一步规范财政工作程序。提出"弱化权力、刚化监管、简化程序、优化服务"的"四化"工作思路，并赋予具体的内涵。

二是事权和财权的统一，增强县市财政实力，加快县域经济的发展。具体包括：加大对县市转移支付力度，包括一般转移支付、铁路和高速公路税收的州县分成比例、烟厂税收集中后对县市财力补偿利益最大化；减少县市向州的财政上缴，全州逐渐减少到取消出台硬性减收增支和上缴体制政策。

三是集中财力办大事。大事实事由全州统一安排，州财政纳入预算。州政府承诺每年向社会集中力量办 10 件实事。筹措大量资金用于消茅、扶贫、城市建设、沼气池建设、农村中小学危房改造、村级卫生室建设等方面，同时，在再就业培训、劳动保险、城市低保、粮食直补、农村义务教育经费保障等方面提供资金支持，促进经济社会协调发展。

5. 加大了民族自治地区对外联系，促进了民族融合

民族自治地区的实际情况决定了民族自治地区在相当长的时期内离不开上级政府尤其是中央财政的支持与援助，同时还需要中央财政的特殊政策照顾。上级政府的支持尤其是资金支持使得民族自治地区为了尽快摆脱贫困落后的面貌，立足本地区、本民族实际情况，大力发展外向型经济。在向外输出本地区特色产品的同时，积极利用外资弥补本地资金的不足，使得内外资成为民族自治地区经济发展的有效途径。同时，民族自治地区还要充分考虑本聚居区各民族实际情况，各民族之间、民族自治地区与其他地区之间的利益分配。这些分配关系促进了民族自治地区对外交流与发展，促进了民族团结、民族互助和民族共同繁荣。

1993 年，湖北省将外贸体制下放到州，成立了新的有进出口权的恩施州外贸公司，1994 年实现自营出口。1998~1999 年恩施州 8 个县市外贸公司先后取得进出口权，直接由各县市外经贸局经营和管理，全州各外贸公司以代理出口为主。2004 年恩施州撤销州外经贸局、贸易物资行业管理办公室，组建恩施州商务局，承担全州外贸、内外资行政管理功能。2005 年，全州 8 个县市组建商务机构，实现内外贸、内外资管理一体化。2011 年全年外贸进出口总额为 22649.58 万美元，其中，外贸出口额 22542.51 万美元，进口额 107.07 万美元。1998 年恩施州成立招商局，2004 年组建的州商务局同时加挂州招商局的牌子，负责引进国内州外资金。境内引资不断向重点投资领域和主导产业延伸，已经成为诸多领域或产业的骨干和主导力量。在发展对外贸易和招商引资的同时，不断推进民族融合，实现了各民族共同进步、民族互助和共同繁荣。

（二）财政自治权落实存在的问题

从市场经济和区域经济发展的规律看，民族自治地区财政体制从"特殊"过渡到"一般"是必然趋势。但这种过渡是有前提条件的，即民族自治地区与其他地区相比，其差距、差异、特殊性逐渐淡化，有实力与其他地区平等参与市场竞争。然而由于历史因素，使得二者之间的差距不仅没有缩小，反而有所拉大。现行分级分税的财政管理体制，并没有考虑民族自治地区与其他省份的不同之处，除保留民族自治地区照顾性补助等各项专款外，在税种、税率上全国"一刀切"。在核定地方收支数额基础上，实行了中央财政对地方财政的税收返还和转移支付制度，成功实行了在中央与地方政府之间税种、税权的划分，实现了"分灶吃饭"。现行财政管理体制下，在共享税的分成比例、税收增长返还系数的确定及地方固定项目划分上，民族自治地区与其他地区一样。由于税制设计上的缺陷，加上历史、体制等因素的影响，分级分税的财政管理体制使得民族自治地区财政收支状况不仅没有明显改善，反而有进一步恶化的趋势，民族自治地区财政自治权名存实亡。

1. 缺乏财政自治权自治意识，依赖性强

民族自治地区财政自治权的落实，可以调动地方财政的积极性，推动民族自治地区经济的发展。民族自治地区财政是国家一级财政，但是拥有比一般地方财政更大的管理自主权。在贯彻中央统一的财政政策下，民族自治地区自治机关对本地区的国民收入有一定的分配权力，还可以根据本地区实际情况，因地制宜制定多项财政规章制度和方法。由于理论研究的落后，加上对民族自治地区财政特殊性认识不充分，民族自治地区的财政自治权没有引起各方的足够重视，将民族自治地区财政只是泛泛地等同于一般地方财政来对待。虽然《宪法》和《民族区域自治法》分别赋予了民族自治地区自治权和财政自治权，但是中央财政部门在制定财政政策时往往忽视了民族自治地区的特殊需求。而民族自治地区也没有充分意识到财政自治权对本民族、本地区社会经济发展的重大作用和意义，自治机关还停留在旧有的财政观念下，依赖思想过重。民族自治地区的各民族对财政自治权也缺乏了解，没有足够的财政自治权意识。具体表现在现有的已颁布的自治条例和单行条例上，五大自治区没有颁布自治条例，在已颁布的民族自治地区的自治条例中，有关财政自治权的条款过于单一，基本是对中央财政政策的照抄照搬。不同地区的条款基本雷同，不能反映本民族、本地区的实际情况。在全国通过的单行条例中，没有一项是关于财政自治的。

1991 年 5 月 31 日，鄂西土家族苗族自治州第二届人民代表大会第四次会议通过了《恩施土家族苗族自治州自治条例》，1991 年 8 月 2 日，湖北省第七届人民代表大会常务委员会第二十一次会议批准。2008 年 5 月 31 日，恩施土家族苗族自治州第六届人民代表大会第三次会议修订，2008 年 11 月 29 日，湖北省第十一届人民代表大会常务委员会第七次会议批准。在《恩施土家族苗族自治州自治条例》中，第四十七条到第五十四条是关于财政自治权的，第四十七条"自治州的财政是国家的一级地方财政。自治机关根据法律规定，按照统一领导、分级管理的原则，制定自治州和所辖县市的财政管理办法。自治机关自主安排使用依照国家财政体制属于自治州的财政收入。"第四十八条"自治州在国家统一的财政体制下，按照规范的财政转移支付制度，享受国家和省一般性财政转移支付、专项财政转移支付、民族优惠政策财政转移支付以及国家和省确定的其他方式的照顾，同时享受省对自治州共享收入全部返还的照顾。自治机关结合自治州的实际作出财政预算安排。在预算执行过程中，自主安排使用收入的超收和支出的结余资金。自治州的财政预算在执行中，如因国家宏观政策调整、财政体制的变化、税收政策变动、企业和事业单位隶属关系改变、严重自然灾害等情况而受到较大影响，入不敷出时，按照国家政策与财政体制的规定报请上级财政予以补助"。第四十九条"自治州的财政预算支出，按照国家规定和地方财力，设机动资金，预备费在预算中所占比例高于一般地区。"第五十条"自治州享受上级国家机关对民族自治地方、西部开发地区、贫困山区、革命老区、库区的各项优惠政策和各种专项资金分配的倾斜照顾。上级国家机关对自治州投入的各项资金和拨款等，除专用款项外，均由自治州按资金性质统筹安排使用"。第五十一条"自治机关根据国家规定的原则，结合自治州的实际情况，对各项开支标准、定员、定额，制定补充规定和具体办法，报湖北省人民政府批准后执行"。第五十二条"自治机关依照国家财政体制的规定，对所辖县市实行转移支付制度"。第五十三条"自治机关设立少数民族发展资金和民族工作经费，资金规模随着经济发展和财政收入的增长逐步增加。自治机关每年在财政预算中安排专项资金，扶持民族乡、民族村的建设。县市人民政府在编制财政预算时，应当给民族乡安排一定的机动财力，并在安排其他专款时予以照顾，民族乡财政收入的超收部分和财政支出的结余部分应当全部留给民族乡周转使用；对所辖高山乡镇，在安排财政预算时给予适当照顾"。第五十四条"自治机关严格执行国家的税收法律法规，除应由国家统一审批的减免税收项目以外，对属于地方财政收入的某些需要从税收上加以照顾和鼓励的，自治机关按照国家税收管理权限报经有关机关批准后，实行减税或者免税"。

从恩施州的自治条例来看，财政自治权基本上是对中央对地方财政政策的照抄照搬，忽视了恩施州的实际情况。1983~2011年颁布的12项单行条例中，没有一项是关于财政自治权的。对财政自治权的重要性认识不够，导致了地方财政积极性调动不够。地方自治机关财政思想过于陈旧，没有在新的财政体制下发挥自治权应有的作用，仍然秉承等、靠、要传统。要解决这一问题，应做到以法律保障为主、辅之以政策保障。不能把财政自治权认定为一种简单的民族政策，也不能看作是一种权宜之计。中央在制定财政政策的同时，应当赋予民族自治地区一定的税收立法自治权，赋予民族自治地区开征和停征地方税税种、减免地方税、调整地方税税目和地方税税率的自主立法权。现行财政体制将税种归属及共享收入的分成比例全国"一刀切"，没有对民族自治地区实行特殊照顾。恩施州财政收入主要是"烟财政"，烟叶收入占全州收入的70%以上，但是现行财政体制将消费税的100%、增值税的75%上划，造成地方财政的困难。企业所得税和个人所得税中由地方分享的部分，由湖北省分享15%，恩施州分享25%。返还的增值税部分，省分享8%，恩施州分享17%。营业税省分享30%，恩施州分享70%。提高财政自治权，还要求民族自治地区的自治机关树立自治观念，以法律来维护财政自治权，在法律允许范围内结合本民族、本地区实际情况，制定体现财政自治权的单行条例。同时加强普法工作，增强民族自治地区自治机关和各民族的财政自治权意识。

2. 财政自治权界定模糊，缺乏可操作性

从《宪法》、《民族区域自治法》和民族自治地区的自治条例和单行条例来看，不论是中央层面还是地方层面，也不论是法律上还是政策上，对于民族自治地区的财政自治权的描述和界定都很模糊，而且变化频繁，缺乏现实的可操作性。

1982 年《宪法》第一百一十五条规定："自治区、自治州、自治县的自治机关行使《宪法》第三章第五节的地方国家机关的职权，同时依照《宪法》、《民族区域自治法》和其他法律规定的权限行使自治权，根据本地方实际情况贯彻执行国家法律、政策。"赋予了民族自治地区自治机关充分的自治权。《宪法》第一百一十六条至第一百二十二条分别规定了不同的自治权，其中第一百一十七条规定："民族区域自治地方的自治机关有管理地方财政的自治权。凡是按照国家财政体制属于民族自治地方的财政收入，都应该由民族自治地方的自治机关安排使用。"很明显，《宪法》在考虑民族自治地区的财政自治权时同样没有考虑到民族自治地区财政的特殊性，把民族自治地区财政当作一般地方财政。当然，作为基本法，宪法不可能具体规定财政自治权的内容和形式，只是从基本法的角度赋予了民族自治地区财政自治权。

1984 年颁布的《中华人民共和国民族区域自治法》，是一部包括政治、经济、文化等广泛领域的综合性民族法，在确定民族自治地区自治机关的自治权方面当然比《宪法》更加明确。《民族区域自治法》关于少数民族自治权的具体规定有二十七条，其中第三十二、第三十三、第三十四条是关于财政自治权的。第三十二条规定："民族自治地方的财政是一级财政，是国家财政的组成部分。民族自治地方的自治机关有管理地方财政的自治权。凡是依照国家财政体制属于民族自治地方的财政收入，都应当由民族自治地方的自治机关自主地安排使用。民族自治地方在全国统一的财政体制下，通过国家实行的规范的财政转移支付制度，享受上级财政的照顾。民族自治地方的财政预算支出，按照国家规定，设机动资金，预备费在预算中所占比例高于一般地区。民族自治地方的自治机关在执行财政预算过程中，自行安排使用收入的超收和支出的结余资金。"第三十三条规定："民族自治地方的自治机关对本地方的各项开支标准、定员、定额，根据国家规定的原则，结合本地方的实际情况，可以制定补充规定和具体办法。自治区制定的补充规定和具体办法，报国务院备案；自治州、自治县制定的补充规定和具体办法，须报省、自治区、直辖市人民政府批准。"第三十四条规定："民族自治地方的自治机关在执行国家税法的时候，除应由国家统一审批的减免税收项目以外，对属于地方财政收入的某些需要从税收上加以照顾和鼓励的，可以实行减税或者免税。自治州、自治县决定减税或者免税，须报省、自治区、直辖市人民政府批准。"同时，第三十七条还规定："民族自治地方的自治机关为少数民族牧区和经济困难、居住分散的少数民族山区，设立以寄宿为主和助学金为主的公办民族小学和民族中学，保障就读学生完成义务教育阶段的学业。办学经费和助学金由当地财政解决，当地财政困难的，上级财政应当给予补助。""各级人民政府要在财政方面扶持少数民族文字的教材和出版物的编译和出版工作。"

《民族区域自治法》关于财政自治权的规定，强调了民族自治地区的财政收入和财政支出，必须根据由优待民族自治地区的原则规定处理，突出国家对民族自治地区在财政上的帮助和扶持。同时规定对本地区的各项开支标准、定员、定额以及税法，根据国务院规定的原则，结合本地区、本民族的实际情况，制定补充规定和具体办法。财政自治权的内容之一是民族自治地区的自治机关有组织管理即自主安排使用属于本地区财政收入的自治权，这一规定在分税制财政体制下与一般地方财政没有区别。财政自治权的另一个内容是民族自治地区对上级财政援助的接受权，主要内容为上级财政逐步加大对民族自治地区财政转移支付力度，通过一般转移支付、专项转移支付、民族优惠政策转移支付以及国家确定的其他方式，增加对民族自治地区的资金投入，用于加快民族自治地区经济发展和社会进步，逐步缩小与发达地区的差距。这是财政自治权里与一般地方财政最明显的区别，突出规定了国家对民族自治地区财政的帮助和扶持，给予民族自治地区特殊照顾，使自治机关拥有更多的管理财政的自治权。但总体看来，《民族区域自治法》关于财政自治权的规定，在现行财政管理体制下，与一般地方财政差异并不大，尤其是民族自治地区迫切需要的税收立法权，没有得到体现。财政自治权在实际中缺乏明确的界定，也没有赋予民族自治地区税收立法权，这样的后果是各民族自治地区在制定自治条例和单行条例时，不能充分利用宪法和其他法律赋予的特殊民族立法优势和立法资源。制定的自治条例和单行条例涉及财政自治权的，没有对本民族、本地区的实际情况进行实际调查，基本上是沿袭宪法尤其是民族区域自治法的主要内容，很少加以修改，立法水平较低，缺乏实用性、可操作性和针对性。

3. 财政自治权内容变化频繁，稳定性差

中华人民共和国成立 60 多年来，经济体制变化大，财政管理体制变化频繁，从而造成民族自治地区财政自治权内容变化频繁，稳定性差。从最初的"划分收支、分级管理、分类分成"，到"划分收支、分级包干"，再到现在的分级分税的财政管理体制，我国的财政管理体制不断变化和调整，每一次财政管理体制的变动都会引起民族自治地区财政自治权内容的变化。民族自治地区财政自治权，从 1957 年的"增加机动财力"，到 1958~1979 年的"核定收支，收大于支，定额上缴；支大于收，中央补助"和民族自治地区的"民族财政三照顾"，1980 年保留除原体制规定的照顾外，新增加的对民族自治地区按定额补助每年增加 10% 和在国家预算内设立的"支援不发达地区的发展资金"，1984 年《民族区域自治法》规定的财政自治权的具体内容，最后到 1994 年的分级分税财政管理体制中对民族自治地区的各种转移支付以及 2000 年开始试行的西部大开发中的"民族自治地方的内资企业可以定期减征或免征企业所得税"等。这些变化使得民族自治地区的自治机关在制定自治条例和单行条例时无所适从，只能在《宪法》和《民族区域自治法》的权限内照抄照搬其内容，不敢有所逾越。对本民族、本地区财政自治权的不敢诉求，使得中央在制定财政管理体制时不能及时、准确地了解民族自治地区的实际情况，只能实行全国的无差别对待。

作为民族自治地区财政自治权重要组成部分的税收，既是民族自治地区地方收入的主要来源，又在很大程度上决定了地方财政支出的范围和程度。税收制度的变化也十分频繁，民族自治地区的税收政策从 1953~1993 年的"国家对民族自治地区实行减免工商税"，1979~1985 年的"国家对少数民族八省区基建企业按三七分成"，到 2001~2010 年的"国家对西部地区民族自治地方企业可以定期减征或免征企业所得税"等税收优惠政策。迄今为止，没有一部税收方面的基本法出台，只能由国务院和相关行政部门不断出台法规、政策来适应不断发生的变化。这些法规、政策虽然体现了对民族自治地区的照顾性政策，也为民族自治地区的经济社会发展起到了一定的促进作用。但这些法规和政策终究是法律效力不足，民族自治地区自治机关很难依据这些法规制定适合本民族、本地区实际情况的自治条例或单行条例，不利于民族自治地区经济的持续稳定发展，也不利于民族自治地区财政自治权的完善。以至于分税制的财政管理体制全国实行"一刀切"，没有对民族自治地区实行特殊照顾，民族自治地区享有的财政优惠政策逐步消失，财政运行陷入困境，而民族自治地区的自治机关却无法据理力争，民族自治地区与发达地区的差距不仅没有缩小，反而逐渐扩大。现行的看得见的财政自治权，除了上级给予民族自治地区一些固定的财政补贴外，基本与一般地方财政一样。

第四章　恩施州财政支出规模与结构

第一节　促进经济增长的财政支出理论

经济增长理论是研究长期经济增长的理论，主要是从供给的角度研究一个地区的经济增长。在经济增长理论中，财政政策具有明显的改善经济增长绩效的作用，政府通过改变财政支出规模，优化财政支出结构、财政投资结构和税收与税制结构来促进经济增长。

经济增长理论，可以追溯到亚当·斯密时代。古典经济学家奠定了很多经济增长理论的基本成分。这些研究对后世经济学的发展有很大的启发作用，包括递减报酬的作用及其与物质和人力资本积累的关系，人口增长率与人均收入的关系，劳动专业化分工，技术进步的作用等。从其经济增长模型演进过程看，每一次重大的理论突破都来源于对生产函数及其假定的修正。就分析技术而言，则经历了从均衡分析到最优增长分析，从外生增长到内生增长的深化过程。

（一）新古典经济增长理论

不同经济增长形态下，决定经济增长的因素是不同的。新古典经济增长理论得到了经济稳定增长的均衡条件，同时为现代经济增长理论构建了比较完整的框架。索洛（1956）和斯旺（1956）通过资本和劳动可以互相替换的假设建立了新的生产函数，其生产函数如下：

$$Y(t) = F[K(t), A(t)L(t)] \tag{4-1}$$

索洛—斯旺函数被称为新古典经济增长模型，是经济增长理论上的一次革命，这种生产函数被称为哈罗德中兴。该函数同时满足规模报酬不变、边际产品递减及稻田条件。

索洛—斯旺模型说明了稳定人均经济增长率取决于外生不变的技术进步，但随着实践的发展，这种模型日益陷入理论与现实的困境：该增长模型无法摆脱一个内在的矛盾，即长期增长离不开收益递增，而该模型是以收益递减为基本前提的，而各国的实践也表明，新古典模式所预见的生产率递减和经济增长相同的现象并没有发生。同时，该模型忽略了经济系统内部促进效率提高的因素，从而不能有效地提供经济增长的政策建议。

以卡尔多为代表的新剑桥学派对该模型进行了修正，改正了外生不变储蓄率的假设，并且证明了财政政策可以改变储蓄率结构进而影响经济增长率。在财政支出政策上，政府部门可以加大对贫困人员的转移支付力度。这些为财政支出结构的调整提供了理论经验。

（二）内生经济增长理论

为克服新古典生产函数的缺陷，一些经济学家对新古典生产函数进行了修正。拉姆齐、卡斯、库普曼斯对储蓄率进行了内生化，不变的外生储蓄由互动于竞争性市场中的最优家庭和企业决定，利用劳动力与资本存量进行生产。虽然没有解释经济持续增长的原因，但是以追求效用最大化的家庭分析框架，为经济增长模型提供了理论研究基础。

20 世纪 80 年代中后期，内生经济增长理论将技术进步、劳动力供给等变量内生化，把技术创新当作经济增长的源泉，而影响技术创新最主要的因素是专业化人力资本的积累和劳动力分工。内生经济增长理论认为经济持续增长是内生因素作用的结果，把技术、人力资本和公共服务等因素内生化，通过外溢作用，由政府财政政策进行适当干预，为经济增长提供理论支持。

内生经济理论强调知识效益的外溢性、人力资本投资和财政支出的重要性，政府对科研、教育、公共基础设施的投资或补贴可以改善经济增长绩效。因此，内生增长理论由不同的模型组合而成，财政政策的作用通过以下几种模型得到体现：

1. 基于知识外溢效应的经济增长模型

Arrow（1970）年建立了知识的生产函数，认为知识存量是经验的函数，而经验又取决于过去积累的总投资 K(t)，生产函数为：

$$A(t) = K_t^{\mu} \tag{4-2}$$

式中，$0 < \mu < 1$，利用柯布—道格拉斯生产函数，即：

$$Y_t = K_t^{1-\alpha}(A_t L_t)^{\alpha} = K_t^{1-(1-\mu)\alpha} L_t^{\alpha} \tag{4-3}$$

由于企业在进行决策时不考虑知识的外溢效应，典型的企业边际资本产量是：

$$\frac{\partial Y_t}{\partial K_t} = (1-\alpha) K_t^{\alpha+\mu\alpha} L_t^{\alpha} \tag{4-4}$$

作为政府而言，在制定决策时，需要考虑物质资本的外溢效应，边际产量为：

$$\frac{\partial Y_t}{\partial K_t} = [1 - \alpha(1-\mu) K_t^{\alpha+\mu\alpha}] L_t^{\alpha} \tag{4-5}$$

从式（4-4）和式（4-5）可以看出，私人边际产量和社会边际产量不一致，私人边际产量小于社会边际产量，因为私人边际产量没有考虑投资决策的正外溢效应。因此，政府可以通过一定的财政政策，弥补私人资本投资与知识积累的不足，以便使经济中总的投资水平趋近于政府选定的水平。

罗默（1986）继承了用技术外部性解释经济增长的研究思路，建立了知识溢出效应增长模型。他认为知识具有外溢效应，这种外溢性使稻田条件不再满足，同时由于知识的非竞争性，决定了这种效用产生递增生产力，形成竞争收益，进而使物质资本、劳动力等其他要素也具有递增收益，导致无约束的长期经济增长。由于知识的外溢性和正的外部效应，使得知识的社会边际产量与私人边际产量存在差异，厂商的私人收益率低于社会收益率，如果没有政府干预，用于生产知识的私人投资将减少，分散经济的竞争性均衡经济增长率低于帕累托最优经济增长率。因此，政府应该向私人资本提供补贴或向其他生产课税，以便激励私人资本加大对知识的投资，引导生产要素流向研究部门，进而提高整个社会经济增长率和社会福利水平。

2. 基于人力资本投资的经济增长模型

Lucas（1988）认为，人力资本积累具有改善劳动力素质的作用，是经济增长的关键。在 Lucas 生产函数模型中，由于人力资本具有正的外部效应，个人在进行人力资本决策时不会考虑对生产力产生的影响，如果没有政府干预，人力投资将减少。为此，政府部门应直接增加人力资本投资，或通过调整财政支出结构，以鼓励企业投资人力资本。而索伦森则对该模型进行了拓展，明确引进了财政政策，即政府通过对教育提供补贴，对劳动力课税则会提高经济平衡增长率。Lucas 生产函数模型为：

$$Y_t = K_t^{1-\alpha}(u_t h_t L_t)^{\alpha} h_{\alpha t}^{\gamma} \qquad (4-6)$$

式中，u_t 表示个人用于生产商品的时间，h_t 表示技能水平，$h_{\alpha t}$ 表示人力资本的外部效应。$1 - u_t$ 表示个人用来增加人力资本的可支配时间，人力资本变化可表示为：

$$h_t' = h_t e(1 - u_t), \ e > 0 \qquad (4-7)$$

只要 $u(t) > 0$，技能水平的增长率 h'/h 总为正值，表明在人口不变情况下，只要资本存量增长不为负，人均增长就不会停滞。因此，Lucas 认为，人力资本的外部效应具有核心作用，这些效应具有扩散作用，对所有的生产要素产生影响，进而使生产呈现规模递增效应。由于人力资本正的外部性，因此，需要政府介入，通过调整财政支出结构，增加人力资本投资，或通过税收减免等手段鼓励私人投资人力资本。

3. 基于研究与开发的经济增长模型

罗默（1990）提出的模型中拓展了对外部性的研究，并将知识和技术进步赋予了完全内生化的解释，把技术变化和垄断结合起来，构建了一个研究与开发投资的经济增长模型。该模型将经济分为研究与开发部门、中间产品生产部门和最终产品生产部门。技术被用于中间产品，进而通过中间产品数量和种类增长提高最终产品的产出，同时技术会增加总的知识量，通过外溢效应提高研究部门的人力资本生产率，实现经济的长期增长。

劳动力中的 αL 用于研究与开发部门，另外的劳动力数量 $(1-\alpha)L$ 用于最终产品生产部门，资本存量中的 αK 用于研究开发部门，其余的用于生产最终产品部门。最终产品生产部门的生产函数模型为：

$$Y_t = [(1-\alpha)K_t]^\alpha [A_t(1-\alpha)L_t]^{1-\alpha} \quad 0 < \alpha < 1 \tag{4-8}$$

式中，L 表示劳动力，K 表示资本存量，A_t 表示产品种类。

研究与开发部门生产函数模型为：

$$\dot{A_t} = B(\alpha K_t)^\beta (\alpha L_t)^\gamma A_t^\theta \quad B > 0, \ \beta \geq 0, \ \theta \geq 0 \tag{4-9}$$

因为储蓄率的固定和外生，假定折旧率为0，则：

$$\dot{K_t} = iY_t$$

在正的人口增长率下，有：

$$\dot{L_t} = nL_t \quad n \geq 0$$

研究与开发部门的知识积累和资本的参与决定了经济增长情况，参数 $\beta + \theta$ 和1的比较，决定了规模报酬的变化情况。在式（4-9）的研究与开发部门生产函数中，只要有足够的知识存量，就会克服资本边际产品递减趋势。由于知识的非竞争性，如果没有政府部门的干预，研究与开发部门的研究活动规模是次优的。政府的政策取向是向知识积累提供补贴的同时向中间产品的购买提供补贴，以增加研究与开发部门的资本收益，鼓励更多的人力资本流向研究与开发部门，也有利于消除垄断因素造成的资源配置扭曲，提高经济增长率。

Grossman 和 Helpman（1991）认为，由于研究与开发活动的外溢性使得竞争性均衡增长率低于社会最优增长率，政府必须通过补贴研究与开发活动，或提供税收优惠政策鼓励企业增加研究与开发投资方式来提高经济增长率。

4. 基于公共支出的经济增长模型

Arrow（1970）在宏观经济生产函数中引入了公共资本存量，考察了政府公共投资的经济增长效应。Barro（1990）构建了以政府公共支出为中心的内生经济增长模型，他认为公共支出和私人资本一样，对经济中的生产函数具有正效应，把公共支出直接引入到宏观经济增长函数中。Barro 的宏观经济增长函数模型为：

$$Y_t = F(K, I) = K_t^{1-\alpha} I_{gt}^{\alpha} \tag{4-10}$$

式中，I_{gt} 表示公共支出，α 表示产出对公共支出的弹性。政府按税率 τ 征税，则公共支出为：

$$I_{gt} = \tau Y_t = \tau F(K, I) = \tau K_t^{1-\alpha} I_{gt}^{\alpha} \tag{4-11}$$

利用政府预算约束，决定经济增长率的模型为：

$$\gamma_c = \frac{\dot{c}}{c} = \frac{1}{\alpha} \left[(1-\tau)(1-\alpha)\tau^{\alpha/(1-\alpha)} - \rho \right] \tag{4-12}$$

式中，由于公共资本对于私人资本具有正效应，政府部门可以通过财政支出弥补私人资本的不足，稳定投资规模和经济增长率。通过求 $\frac{\dot{c}}{c}$ 对 τ 的微分并令结果等于零，可以求得最优财政支出规模的条件为 $\tau = \alpha$，财政支出对经济增长具有正反两方面的影响。在最优财政支出规模下，增加财政支出会提高经济增长率，当财政支出达到最优时，再增加财政支出会阻碍经济增长。

此外，Barro 还对政府财政支出进行了分类，最优财政支出规模取决于政府提供的公共服务的特性。政府支出中的转移支付具有降低经济增长的作用，因此，一方面尽可能减少消费性支出，加大对基础设施和公共设施的投资力度；另一方面针对所提供的公共服务的不同特性采取区别的税收政策，以充分发挥税收对投资和储蓄的刺激作用。

第二节　恩施州财政支出规模

财政支出规模有绝对支出规模和相对支出规模。财政支出绝对规模表示某一财政年度财政支出的实际数额，反映的是该财政年度内政府可支配的社会资源。但要反映财政所支配的资源在社会资源总量中的地位，尤其是通货膨胀严重或币值变化较大的年份财政在整个国民经济活动中的地位，通常采用相对财政规模，即某财政年度内由政府直接支配和使用的社会资源占全社会资源总量的比值。因此，相对财政支出规模更能反映实际上的财政支出规模。

政府通过财政支出提供不同的公共服务，使经济持续稳定增长成为可能。在经济增长理论中，财政支出实际上是强调财政支出规模和结构的合理性。政府按照边际收益等于边际成本的原则确定最优财政支出规模，并合理确定每一种财政支出所占的比例，进而促进经济增长。根据传统宏观经济学的理论，社会总产品的供求平衡方程为：

$$Y = C + I + G \tag{4-13}$$

式中，Y 表示国民收入，C 表示民间消费，I 表示民间投资，

G 表示政府购买性支出。假定税率为 τ，则所得税为 $T = \tau Y$，假定对民间消费征税率为 φ，则得如下公式：

$$C + \varphi C = c(Y - T) \tag{4-14}$$

式（4-14）表明民间消费与销售税之和是可支配收入的函数，c 为边际消费趋向。

假定政府购买性支出占国民收入的比率为 g，有 $G = gY$，同时把政府购买性支出分为消费性支出 G_c 和投资性支出 G_i，则：

$$G = G_c + G_i \tag{4-15}$$

其中：

$$G_c = (1 - \theta)G$$

$$G_i = \theta G$$

式中，$1 - \theta$ 表示政府消费性支出占政府购买性支出的比重，θ 表示政府投资性支出占政府购买性支出的比重，且假定该比重一定时期内保持不变。在政府投资和私人投资的产出效应相同的情况下，社会产品供求平衡，则产出增量为：

$$\Delta Q = \delta(1 + \theta G) \tag{4-16}$$

式中，δ 表示投资潜在的生产率产出系数，在均衡状态下，国民收入等于产出，即 $Y = Q$，同样 $\Delta Y = \Delta Q$，为使 $\Delta Y = \Delta Q$ 成立，经过推导，得如下公式：

$$\frac{\Delta I}{I} = \rho = \delta[1 - (1 - \theta)g] - \theta c \frac{1 - t}{1 + \varphi} \tag{4-17}$$

从式（4-17）可以看出，要保证国民收入和产出均衡的必要条件是民间投资需求必须以 $\delta[1 - (1 - \theta)g] - \theta c \dfrac{1 - t}{1 + \varphi}$ 为增长率。因此，要达到这种状态，政府可以通过改变财政支出的规模，并改变财政支出结构、财政投资结构以及相关的税收制度以促进经济增长。假定生产函数为：

$$Y = F(K、L、G) \tag{4-18}$$

式中，Y 表示产出，K 表示资本，L 表示劳动力，G 表示政府财政支出。而在政府财政支出中，根据不同的分类，财政支出有不同的支出结构，因此，生产函数变为：

$$Y = F(K、L、G_1，G_2，\cdots，G_n) \tag{4-19}$$

$$G = G_1 + G_2 + \cdots + G_n \tag{4-20}$$

这些不同的财政支出项目包括经济建设支出、行政管理支出、科教文卫支出、农业支出和社会保障支出等，为维持经济的稳定增长，要求政府提供充裕的公共服务，以保证每种财政支出保持与经济增长水平一致。

一、财政支出规模现状

不同于一般地方政府财政支出规模，恩施州财政支出规模有自己的特点。其支出增长快，支出中绝大部分为上级政府的转移支付，财政支出规模占 GDP 比重较高。恩施州 1983~2015 年财政支出规模如表 4-1 所示。

表 4-1　恩施州财政支出规模

年份	财政支出（万元）	支出占 GDP 比率	年份	财政支出（万元）	支出占 GDP 比率
1983	15079	0.16	1994	69124	0.14
1984	18546	0.17	1995	72284	0.12
1985	20448	0.15	1996	79544	0.09
1986	27775	0.20	1997	94329	0.10
1987	31159	0.19	1998	99358	0.10
1988	33446	0.15	1999	125735	0.12
1989	39345	0.19	2000	140512	0.12
1990	42419	0.18	2001	180937	0.15
1991	46209	0.17	2002	206899	0.16
1992	54007	0.17	2003	221078	0.16
1993	57729	0.16	2004	291923	0.18

年份	财政支出（万元）	支出占 GDP 比率	年份	财政支出（万元）	支出占 GDP 比率
2005	358828	0.21	2011	1601383	0.38
2006	489656	0.26	2012	1796900	0.37
2007	544876	0.26	2013	2166942	0.39
2008	710375	0.29	2014	2165174	0.35
2009	1022452	0.35	2015	3325926	0.49
2010	1297929	0.37			

数据来源：1983~2015 年的《恩施州统计年鉴》。

（一）GDP 总量与财政支出绝对规模保持了较快增长速度

恩施州 GDP 从 1983 年的 91389 万元上升到 2015 年的 6708100 万元，增长了 73.4 倍，年均增长率为 15.43%，剔除物价因素，年均增长率为 9.1%。财政预算支出从 1983 年的 15079 万元增长到 2015 年的 3325926 万元，增长了 220.57 倍，年均增长率为 18.66%，剔除物价因素，年均增长率为 18.32%。GDP 和财政支出规模均保持了较快增长速度。

（二）名义 GDP 增长率与财政支出增长率呈现波动性增长

恩施州名义 GDP 在 1994 年达到最高，增长率为 35%，名义 GDP 增长率在 1989 年最低，为–0.03%。1983~2015 年名义 GDP 增长率为 15.43%。财政支出增长率在 2009 年最高，为 44%，1998 年最低，为 0.05%，1983~2015 年财政支出年均增长率为 18.36%。恩施州经济增长率在 1994 年财政体制改革前，呈现起伏不定状态。1994 年财政体制改革后，经济增长率逐渐降低，2002 年最低，仅为 2%。从 2005 年开始，经济增长率开始上升并趋于稳定。从财政支出看，恩施州的财政支出增长率总体上呈不规则态势，财政支出波动幅度较大，毫无规律可言。

（三）财政支出对 GDP 的收入弹性值波动范围较大

恩施州财政支出对 GDP 的收入弹性，在 1997 年前，只有

1983 年、1984 年、1986 年大于 1，此外，其余年份均低于 1，最低值为 1989 年的−5.85。1997 年以后，恩施州财政支出对 GDP 的收入弹性值除 2003 年外，其余年份均大于 1，但是表现不稳定。其中 2002 年最大，为 6.76。2007 年最低，为 1.02。

（四）财政支出占 GDP 的比重先降后升

恩施州财政支出占 GDP 的比重，在 1996 年以前呈现先升后降趋势，1996 年以后呈现持续上升状态。1983~1986 年，财政支出占 GDP 的比重由 16%上升到 20%，之后逐渐降到 1996 年的 9%，此后逐渐上升到 2015 年的 49%。恩施州财政支出占 GDP 比重的变化与国家财政管理体制变革具有一致性。1994 年财政体制改革以前，整个恩施州经济发展水平较低，地方政府收入来源有限，财政支出占 GDP 的比重下降是必然趋势。1994 年财政管理体制改革后到 1996 年的惯性，使得这两年财政支出占 GDP 的比重继续下降，之后由于上级政府加大了对恩施州的财政援助，这一比值开始回升，尤其是从 2006 年开始，恩施州财政支出中的绝大部分来自转移支付，财政支出占 GDP 的比重开始大幅上升。

二、财政支出超规模增长

以经济增长的角度来研究财政支出规模，可以通过改变财政支出规模来影响经济增长。在巴罗建立的以公共支出为中心的经济增长模型中，认为政府提供的公共服务理论上存在最优值，若政府提供的公共支出超过最优值，该公共服务便不具有生产性，反而因为税收扭曲作用而阻碍经济增长。在巴罗的经济增长模型中，人均消费增长率即人均经济增长为：

$$r_c = \frac{\dot{C}}{C} = \frac{1}{\theta}\left[(1-\alpha)A^{\frac{1}{1-\alpha}}(1-\tau)\tau^{\frac{\alpha}{1-\alpha}} - \rho\right] \tag{4-21}$$

式中，在 τ 值较低时，$\frac{G}{Y}$ 对资本的边际产品的正效应占主导地位，此时，r 随 τ 的增加而上升。随着 τ 的增加，税收扭曲作用加强，当 r 达到最大值后，r 随着 τ 的增加反而下降。在巴罗的经济增长模型中，政府提供公共服务理论上存在最优值。同时，巴罗认为企业没有考虑外部性，此时的人均增长率是次优的，政府在确定财政支出，当考虑到外部性时的经济增长率为：

$$r_c = \frac{\dot{C}}{C} = \frac{1}{\theta}\left[A^{\frac{1}{1-\alpha}}(1-\tau)\tau^{\frac{\alpha}{1-\alpha}} - \rho\right] \tag{4-22}$$

很明显，政府提供财政支出时的人均经济增长率更高，这为政府干预经济提供了理论支持。

在巴罗的经济增长模型中，可以求得最优财政支出规模，财政支出对经济增长具有正反两方面的影响。在最优值以下，增加财政支出能提高经济增长率；如果财政支出规模超过最优值，财政支出的增加对经济增长就会产生负的影响。一方面是因为财政支出的边际递减效应，另一方面因为财政支出来自于税收，过多的财政支出带来税收的扭曲作用，进而减少社会投资。如图 4-1 所示。

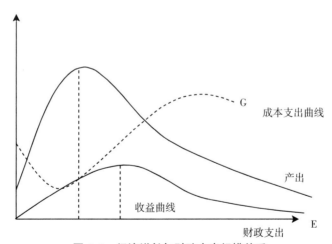

图 4-1　经济增长与财政支出规模关系

在图 4-1 中，横轴表示财政支出规模，纵轴表示经济增长率、财政支出收益、财政支出成本等指标。当财政支出为零时，D 点表示较低的经济增长率，随着财政支出的增加，经济增长率不断提升，当经济增长达到最高点 B 点后开始下降。说明财政支出的增加可以带来更大的经济增长，当财政支出最优时，经济增长达到最大值，再增加财政支出反而会妨碍经济增长。财政支出的收益曲线是 OCAE，可以看出，随着财政支出的增加，边际收益呈递减趋势，在 A 点达到最大值。与此对应的财政支出成本曲线 IFCG，最初随着财政支出的增加而逐渐降低，之后由于税收的扭曲作用，成本逐渐增加，最低值在 F 点。财政支出的最优规模在 A 点和 F 点之间，即财政支出的收益曲线和成本曲线相切的 C 点，此时经济增长达到最大。对于恩施州而言，由于能获得大量转移支付，其财政支出在较高规模的 A 点。同时可以从图中看出，经济增长是财政支出的凹函数，可以用财政支出边际成本与边际收益相等或用经济增长是财政支出的凹函数求出财政支出的最优规模。

研究财政支出规模与经济增长之间的关系，以求得财政支出规模的大小，以巴罗的内生经济增长理论为主。在巴罗建立的内生经济增长模型中，认为理论上存在财政支出的最优规模。通过对公共物品的标准分析，在公共部门引入具有规模报酬不变的 "AK" 生产函数，建立一个以政府为中心的内生增长模型：$Y = F(K, L)$，其中 Y_i 表示实际产出，用 GDP 表示，K_i 表示资本数量，L_i 表示劳动力数量。考虑到政府财政支出对总产出的影响，将财政支出 G 引入到函数中，建立一个以政府财政支出为中心的内生增长模型。其表达式为：

$$Y_i = AK_i^{\alpha}L_i^{1-\alpha}G_i^{\gamma} \tag{4-23}$$

$0 < \alpha < 1$，企业对私人投入的劳动力和资本存量的规模报酬保持不变，增加财政支出能够提高要素的边际产品。此表达式也可以按照巴罗对公共用品的标准分析换成如下：

$$Y_i = AK_i^{\alpha}L_i^{1-\alpha}G_i^{(1-\alpha)\beta} \tag{4-24}$$

在这个生产函数中，参数 β（$0 \leqslant \beta \leqslant 1$）表示公共服务的拥挤程度，其取值范围表示 G 是否与 Y 或 K 同步增长的不同情况。若 $\beta = 1$，则表示政府（财政）部门为企业生产提供了足够的公共服务，经济中不存在拥挤现象。当 $\beta = 0$ 时，政府（财政）为企业生产提供的公共服务相当于纯私人物品，具有竞争性。$0 < \beta < 1$，表示政府（财政）提供的公共服务不足，存在拥挤现象，公共服务具有部分竞争性。政府为企业生产提供的公共服务弥补了市场失灵，具有很强的外部性，政府为企业生产提供足够的公共服务，经济就会产生持续内生增长。在预算平衡政策下，税率为 τ，同时提供免费的公共物品，则 $G = \tau Y$。最优的财政支出规模应该等于 $\frac{G}{Y} = \tau = 1 - \alpha$。将式（4-24）代入 $G = \tau Y$，可得：

$$G = (\tau AK^{\alpha}L)^{\frac{1}{1-\beta(1-\alpha)}} \tag{4-25}$$

式（4-25）得出的是最优财政支出规模，理论上存在这样的一个值。从前面可以看出，由于经济增长是财政支出规模的凹函数，因此过大或过小的财政支出规模都会带来产出的减少。在财政支出最优值以内，由于政府提供服务并弥补了外部性，增加财政支出规模能带来更多的产出。当财政支出超过最优值后，税收扭曲作用加强，过高的财政支出反而阻碍了经济增长。经济增长并不一定需要过高的财政支出，同样，财政支出规模小也不一定会阻碍经济增长。

这里的 G 表示纯公共物品，但是在现实生活中纯公共物品很少。式（4-25）的模型就不能检验经济增长与财政支出规模之间的关系，必须重新设定模型。当财政支出为最优时，其边际产出弹性 MPG = 1；若 MPG < 1，表明财政支出规模过大，即财政支出大于最优规模，财政支出规模与经济增长之间负相关。若 MPG > 1，表明财政支出规模不足，小于最优规模。因此，对生产函数的理论模型取自然对数，求关于时间的导数并进行替换，得如下模型：

$$GDP_i = c + \alpha k_i + \beta l_i + \lambda g_i + \mu_i \qquad (4\text{-}26)$$

式（4-26）是分析财政支出与经济增长关系的基本模型。GDP_i表示真实 GDP 的增长率，k_i表示投资增长率，用固定资产投资增长率表示，l_i表示劳动力增长率，g_i表示财政支出相对规模，所用数据为时间序列数据（1983~2015 年）。由于数据来源于统计年鉴，其数据按当年价格计算出来，要剔除物价等因素的影响，以 1980年为基期，GDP 指数为 100 并计算出各期 GDP 指数。同样以此为准，计算出各期固定资产投资及财政支出的实际值。为防止方程的伪回归问题，首先对该时间序列进行平稳性检验，以确定是否具有单位根（Nuite Root）。检验时采用迪基—富勒（Augmented Dick-Fuller）即 ADF 单位根检验。检验结果表明模型中包含的变量都是非平稳的，单整阶数为 1，变量之间可能存在协整关系，即还需要进行协整检验。协整检验结果表明，在 GDP_i、k_i、l_i、g_i 之间在 1%水平上至少存在一个协整方程，在 5%水平上至少存在两个协整方程，说明在这些变量之间存在协整关系，即变量之间存在长期均衡关系，可以直接进行协整回归。

表 4-2 是对恩施州财政支出规模与恩施州经济增长之间的关系的回归结果，不存在自相关性和异方差，总体解释显著。结果显示，恩施州财政支出相对规模超过了最优财政支出规模。其系数为-0.08 表明恩施州财政支出相对规模每增长一个百分点，恩施州经济增长将下降 0.08 个百分点。对于恩施州而言，相对于产出弹性，财政支出相对规模大于其最优财政支出规模，财政支出占GDP 的比重阻碍了恩施州经济的增长。从回归结果看，固定资产存量增长率和从业人数增长率与经济增长正相关，说明恩施州固定资产投资和从业人员增加对经济增长贡献率较大。

表4-2　恩施州财政支出与经济增长关系回归结果

回归项	回归系数	T值	P值
C	0.13	2.42	0
K_i	0.20	1.56	0
L_i	0.23	0.98	0.01
G_i	−0.08	−0.68	0
R^2	0.99		
Dw	1.35		
F	112.1		

三、财政支出最优规模的测定

对财政支出最优规模的测算有两种办法，一种是利用巴罗的政府支出自然效率条件，即公共服务边际产出为1，建立生产函数进行估计；另一种是利用经济增长与财政支出的凹函数关系，构造凹函数方程进行估计。为确保恩施州财政支出规模测算的可信度，分别采用巴罗的自然效率条件、经济增长与财政支出规模的凹函数关系进行测算。

首先用巴罗的政府支出自然效率条件进行估计。采用的基本函数模型为：

$$Y = F(K, L, G) \tag{4-27}$$

假定 F 是二次可微，是 K、L、G 的一阶齐次函数，其中，$f_i > 0$，$f_{ii} < 0$，$i = K, L, G$。对式（4-27）两边求关于时间 t 的导数，并同时除以 Y，得：

$$\frac{dY}{Y} = \frac{\partial f}{\partial K} \cdot \frac{dK}{Y} + \frac{\partial f}{\partial L} \cdot \frac{dL}{Y} + \frac{\partial f}{\partial G} \cdot \frac{dG}{Y} \tag{4-28}$$

上式可变为：

$$\frac{dY}{Y} = \frac{\partial f}{\partial K} \cdot \frac{K}{Y} \cdot \frac{dK}{K} + \frac{\partial f}{\partial L} \cdot \frac{L}{Y} \cdot \frac{dL}{L} + \frac{\partial f}{\partial G} \cdot \frac{G}{Y} \cdot \frac{dG}{G} \tag{4-29}$$

式中，$\dfrac{\partial f}{\partial K} \cdot \dfrac{K}{Y}$ 表示资本的产出函数，令其等于 α，$\dfrac{\partial f}{\partial L} \cdot \dfrac{L}{Y}$ 表示就业的产出函数，令其等于 β，$\dfrac{\partial f}{\partial G} \cdot \dfrac{G}{Y}$ 表示财政支出的产出弹性，令其等于 γ，则式（4-29）变为：

$$\frac{dY}{Y} = \alpha \frac{dK}{K} + \beta \frac{dL}{L} + \gamma \frac{dG}{G} \tag{4-30}$$

上式实际等于：

$$LnY = \alpha LnK + \beta LnL + \gamma LnG \tag{4-31}$$

对式（4-31）右端添加常数项和随机误差项，得到：

$$LnY_t = c + \alpha LnK_t + \beta LnL_t + \gamma LnG_t + \mu_t \tag{4-32}$$

式（4-32）中系数含义与式（4-29）一样，Y_t 表示 GDP，K_t 表示固定资产投资，L_t 表示就业人口，G_t 表示财政支出，Y_t、L_t、G_t 都采用当年值，时间序列为 1983~2015 年。用 Eviews 软件，采用普通最小二乘法得到如下回归结果：

$$LnY_t = 1.6420 + 1.1015 LnK_t + 0.2644 LnL_t + 0.2986 LnG_t \tag{4-33}$$
$$(2.7994) \qquad (0.1651) \qquad (0.2480) \qquad (0.2028)$$
$$(16.2354) \qquad (6.5278) \qquad (4.6923) \qquad (8.4562)$$

$R^2 = 0.9761 \quad DW = 0.6903 \quad F = 340.3990$

从回归结果看，方程总体解释显著，但是 DW 值很小，可能存在严重的自相关，通过 LM-BG 自相关检验辅助回归式结果如下：

$$\mu_t = 1.7026 \mu_{t-1} - 0.3502 \mu_{t-2} + vt \tag{4-34}$$
$$(0.2033) \qquad (0.2239)$$
$$(3.4549) \qquad (-1.3996)$$

$R^2 = 0.64 \quad DW = 2.1166 \quad T = 28 \quad LM = TR^2 = 18$

从 LM 检验结果看，证明式（4-34）存在二阶自相关，因此，采用广义差分法，对原变量进行广义差分变换。

$$GLnY_t = LnY_t - 1.7026 LnY_{t-1} + 0.3502 Y_{t-2} \tag{4-35}$$

$$GLnKt = LnK_t - 1.7026LnK_{t-1} + 0.3502K_{t-2} \qquad (4-36)$$

$$GLnL_t = LnL_t - 1.7026LnL_{t-1} + 0.3502L_{t-2} \qquad (4-37)$$

用最小二乘法得如下回归结果：

$$GLnY_t = 0.9690 + 0.2341GLnK_t + 0.4213GLnL_t + 0.2513GLnG_t$$

$$(4-38)$$

$$(0.0984) \quad (0.3251) \quad (0.0684) \quad (0.0675)$$

$$(12.3632) \quad (5.3864) \quad (4.6147) \quad (5.3289)$$

$R^2 = 0.9820 \quad DW = 2.1432 \quad F = 432.51$

从回归结果看，通过广义差分后，各项检验均通过，说明模型结果是可靠的。换回模型结果为：

$$LnY_t = 208041 + 0.2341LnK_t + 0.4213LnL_t + 0.2513LnG_t \quad (4-39)$$

从以上分析可以看出，恩施州财政支出弹性为 0.2513，即恩施州财政支出占 GDP 的最优比例为 0.2513。从恩施州实际财政支出看，在 2006 年前，恩施州财政支出相对规模都小于最优财政支出规模。从 2006 年起，财政支出相对规模超过了最优财政支出规模。

为了进一步检验恩施州财政支出与经济增长之间的负相关性，以及财政支出最优规模测算的可信度，利用经济增长是财政支出规模的凹函数关系进行检验，采用的方法是 1998 年 Richard K.Vedder 和 Lowell E.Gallaway 建立的方程式，表达如下：

$$GDP_t = c + \alpha G_t + \beta G_{t^2} + \mu_t \qquad (4-40)$$

式（4-40）中的 GDP 表示真实的国内生产总值，G 表示财政支出占 GDP 的比值。在进行估计时，参数 α 符号应该为正，表示财政支出对经济增长的正影响，参数 β 应该为负，表示财政支出对经济增长的负影响。求 GDP 对 G 的一阶导数并令其等于 0 时，可以取得财政支出规模的最优值，即令 $\dfrac{dGDP}{dG} = \alpha + 2\beta G = 0$，可以解得：$G = -\dfrac{\alpha}{2\beta}$。根据恩施州 1983~2015 年 GDP 及财政支出相对规模，用式（4-28）进行估计，所得结果如表4-3所示。

表4-3　恩施州相对财政支出规模最优值估计结果

最优财政支出规模回归结果			
回归项	回归系数	T值	P值
C	2467.86	1.53	0.07
G_t	282.68	2.13	0.00
$G_{t'}$	−5.64	−1.82	0.01
R^2	0.99		
DW	2.34		
F	2273.5		
最优财政支出规模	25.06		

从以上的分析可以看出，恩施州财政支出规模具有如下特点：

第一，恩施州财政支出规模过大，地方无力承担。恩施州财政支出增长较快，尤其是最近几年，恩施州财政支出占GDP比重达38%左右（2015年甚至达到49%），而财政自给率却在不断下降。单靠地方财政收入已远远不能满足支出需要。

第二，关于恩施州财政支出与经济增长的关系。研究表明，并不是财政支出规模越大越好。较小的财政支出规模也有可能形成最优产出，较高的财政支出反而会阻碍经济发展。从恩施州财政支出规模与经济增长的关系分析的结果看，财政支出与产出显著负相关，即随着财政支出的扩大，边际产出降低，实际财政支出大于最优财政支出规模。因此，恩施州目前的做法应该是在稳定财政支出规模基础上优化支出结构，而不是一味地要求上级政府部门增加转移支付。

第三，关于恩施州财政支出最优规模。经过测算，恩施州目前财政支出最优规模应该在25%左右，而最近几年财政支出远远超过此数字。经过前面的分析发现，恩施州财政支出中上级政府部门的转移支付占了绝大部分，增加的转移支付并不能带来更多的产出。

第三节　恩施州财政支出结构

财政支出结构，既可以用某项财政支出占财政总支出的比重来表示，也可以用某项财政支出占 GDP 的比重来表示。某一项财政支出的增加就意味着其他财政支出的减少。合理的财政支出结构能带来不同的经济增长效应。因此，对于恩施州的财政支出，不仅需要分析其支出规模，还要对其结构的合理性进行分析，进而更好地理解恩施州财政支出的经济增长效应。

一、财政支出结构基本情况

从图 4-2 和图 4-3 可以看出，恩施州 1983~2015 年财政支出结构现状：

（一）文教科卫支出占财政支出的比重呈下降趋势

恩施州在文教科卫上的支出，从总量上看增加迅速，这与文教科卫支出在社会经济发展中的地位相符。这些支出项目对于改善经济增长绩效、转变经济增长方式具有重要作用。文教科卫支出在财政支出结构中的比重一直最高，但总体上呈下降趋势。文教科卫支出占财政支出比重最高年份为 1994 年的 39%，最低年份为 2012 年的 25%。

（二）农业支出近年来增长较快

恩施州农业支出从绝对数上看，近年来增长迅速，已经占据财政支出的第二位。尤其是农业税取消后，用于农业和农村方面的财政支出增长较快。从相对数看，1983~2005 年总体上呈下降趋势，2005 年后开始迅速增长。从 2008 年开始，这一数据趋于平稳。

（三）行政管理支出增长稳定

恩施州行政管理支出绝对数在 2002 年前增长稳定，2002 年以后增长迅速。从相对数看，行政管理支出缓慢下降，2007 年前有升有降。2007 年以后下降较快，应该与 2007 年整体预算改革有关，预算改革后，不再设行政管理支出项目，在数据统计中可能存在差异。

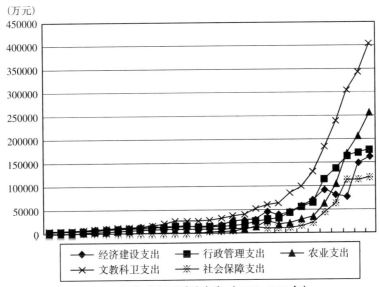

图 4-2 恩施州主要财政支出（1983~2015 年）

数据来源：根据 1983~2015 年的《恩施州统计年鉴》及 2002~2012 年的《恩施州财政经济运行情况蓝皮书》整理得出。

（四）社会保障支出增长缓慢

从绝对数看，社会保障支出增长速度缓慢，且近年有所下降。恩施州财政支出中，社会保障支出除 2009 年增长率为 11%外，其余年份一直低于 10%，且大多数年份在 5%及以下。以 2011 年为例，城镇居民养老保险参保人数 3.28 万，参保率为 55.3%，农村

居民养老保险参保人数 137.30 万，参保率为 93.5%；城镇职工医
疗保险参保人数 20.59 万，参保率为 92%。2011 年恩施州社保支
出占财政总支出为 5%。城镇居民人均最低生活保障支出仅为每月
140 元，农村仅为每月 96 元。较低的社会保障支出不利于社会稳
定和消除贫困。

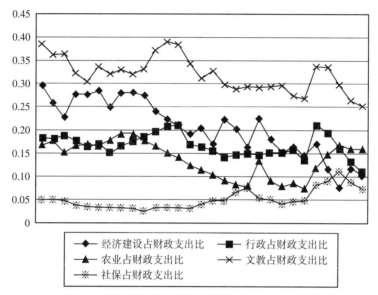

图 4-3　恩施州财政支出相对结构（1983~2015 年）

数据来源：根据 1983~2015 年的《恩施州统计年鉴》及 2002~2012 年的《恩施州财政经济运行情
况蓝皮书》整理得出。

（五）基本建设投资支出偏低

从表 4-4 可以看出，恩施州基本建设投资占财政总支出的比
重和财政投资占全社会固定资产投资的比重下降速度较快，说明恩
施州财政对基本建设投资偏低。恩施州特殊的地理环境和人文环
境，对基础设施、保障生存和生产的基本公共服务需求大。这些需
求应该通过政府加大对基础设施、公益事业等的投资来满足，为恩
施州经济发展创造更为有利的条件。财政经济建设性投资出现弱化

趋势，在很大程度上制约了财政对基础设施和基础产业的支持力度，不利于经济的长远发展以及产业结构的调整。

表4-4　恩施州财政基本建设投资占财政总支出的比重（比值1）和财政投资
占全社会固定资产投资的比重（比值2）

单位：%

年份	1983	1984	1985	1986	1987	1988	1989	1990	1991	1992	1993	1994	1995	1996	1997
比值1	30	26	23	28	28	28	25	28	28	27	24	22	21	19	20
比值2	26	27	20	30	24	26	33	38	30	24	18	16	15	11	12
年份	1998	1999	2000	2001	2002	2003	2004	2005	2006	2007	2008	2009	2010	2011	2012
比值1	17	22	20	16	21	18	15	16	15	17	12	8	12	10	9
比值2	8	11	9	7	9	7	5	8	8	8	6	4	6	5	4

数据来源：根据1983~2012年的《恩施州统计年鉴》和2000~2012年的《恩施州国民经济和社会发展统计公报》整理得出。

二、财政支出结构变化的经济效应

优化财政支出结构建立的模型同样是利用财政支出结构与经济增长之间的关系。Barro（1990）建立了以政府支出为中心的内生增长模型，将公共资本存量引入到宏观生产函数。在该模型中，Barro把政府支出分为两类，认为政府投资支出使经济产生持续增长成为可能。Devarajan、Swaroop和Zhou（1996）把公共支出分为两种支出，并将其引入到柯布—道格拉斯生产函数中，且该生产函数是固定替代弹性。得：

$$Y = F(K, G_1, G_2) = K^\alpha G_1^\beta G_2^\gamma \qquad (4-41)$$

式中，K表示资本存量，G_1表示第一种公共支出，G_2表示第二种公共支出。其中，α、β、γ分别表示K、G_1、G_2关于产出的弹性，假定税率为τ（总税率），财政总支出为G，则：

$$G = \tau Y = G_1 + G_2 \qquad (4-42)$$

式中，G_1占财政支出G的比重为θ，则：$G_1 = \theta G = \theta \tau Y$，$G_2 = (1-\theta)\tau Y$。假设财政收支平衡，在封闭的经济条件下，政府支出

以家庭效用为目的。其效用表示为：

$$u = \int_0^\infty \frac{c^{1-\sigma} - 1}{1 - \sigma} e^{-\rho t} dt \tag{4-43}$$

式中，c 表示家庭中人均消费量，ρ 表示时间偏好率，$\dfrac{c^{1-\sigma} - 1}{1 - \sigma}$ 效用函数具有固定替代弹性，σ 表示边际效用弹性。

对于家庭而言，其预算约束方程为：

$$\dot{K} = (1 - \tau)Y - C = (1 - \tau)K^\alpha G_1^\beta G_2^\gamma - C \tag{4-44}$$

为了最大化家庭人均消费和人均资本的效用，即在给定初始人均资本存量和预算约束下，极大化效用函数 u，建立 Hamilton 函数方程：

$$H = \frac{c^{1-\sigma} - 1}{1 - \sigma} + \lambda\left[(1 - \tau)K^\alpha G_1^\beta G_2^\gamma - C\right] \tag{4-45}$$

λ 为 Hamilton 乘子，表示增加一个单位的资本存量的边际效用增加量。由一阶条件 $\dfrac{\partial H}{\partial C} = 0$ 得到最优条件：

$$\frac{\partial H}{\partial C} = u'(c) - \lambda = 0 \tag{4-46}$$

即：$e^{-\rho t} C^{-\sigma} = \lambda$ \hfill (4-47)

由拉姆齐储蓄最优规则得：

$$\dot{\lambda} = \mu\lambda - \lambda(1 - \tau)\alpha K^\alpha G_1^\beta G_2^\gamma \tag{4-48}$$

横截性条件 （TVC）：$\lim_{t\to\infty} k(t)\cdot\lambda(t) = 0$ \hfill (4-49)

$$\frac{\dot{\lambda}}{\lambda} = \mu - (1 - \tau)\alpha\left(K^\alpha G_1^\beta G_2^\gamma\right)^{\frac{1-\sigma}{\sigma}} K^{\theta-1} \tag{4-50}$$

同样方法可以求得最大化人均消费增长率方程：

$$\frac{\dot{C}}{C} = \frac{(1 - \tau)\alpha\left(K^\alpha G_1^\beta G_2^\gamma\right)^{\frac{1-\sigma}{\sigma}} K^{\theta-1} - \rho}{\sigma} \tag{4-51}$$

利用 $\theta = \dfrac{G_1}{G}$，$1 - \theta = \dfrac{G_2}{G}$，可以求出用财政支出等外生变量表示的人均消费增长率，在均衡状态下，消费增长率等于经济增长率。

$$\frac{\dot{C}}{C} = \frac{\mu(1-\tau)}{\sigma}\left[\frac{\alpha\tau^{\varphi}}{\tau^{-\varphi} - \mu\theta^{\varphi} - \gamma(1-\theta)^{\varphi}}\right]^{\frac{1-\varphi}{\varphi}} - \frac{\rho}{\sigma} \tag{4-52}$$

式（4-52）表明人均消费增长率等于经济增长率，经济增长率受财政支出规模和两种财政支出结构的影响，同时表明不同种类的财政支出占财政总支出的比例影响经济增长。当财政支出种类增加时，即将该模型扩展到多种财政支出情况，生产函数变为：

$$Y = F(K, g_1, g_2, \cdots, g_n) = AK^{\delta_1}g^{\delta_2}g^{\delta_{n+1}} \tag{4-53}$$

式（4-53）中，$0 < \delta_1, \delta_2, \cdots, \delta_{n+1} < 1$，且 $\sum_{i=1}^{n+1}\delta_i = 1$，$g_1$，$g_2$，$\cdots$，$g_n$ 表示各项财政支出，A 表示技术水平，求得使经济增长最大化的最优财政支出结构表达式为：

$$l = \frac{1}{\sigma}\left[\delta_1(1-\tau)A\tau^{\frac{1-\delta_1}{\delta_1}}\theta_1^{\frac{\theta_2}{\theta_1}}\theta_2^{\frac{\theta_3}{\theta_2}}\cdots\right] + \lambda(1 - \theta_1 - \theta_2 - \cdots - \theta_n)$$

$$\tag{4-54}$$

对式（4-54）中 θ_1，θ_2，$\cdots$，θ_n 分别求导并令其等于 0，则有：
$\delta_2\theta_2 = \delta_3\theta_1$，$\delta_3\theta_3 = \delta_4\theta_2$，$\cdots$，$\delta_n\theta_n = \delta_{n+1}\theta_{n-1}$，进一步推导可得：

$$\theta_1^* = \frac{\delta_2}{\delta_2 + \delta_3 + \cdots + \delta_{n+1}}, \quad \theta_2^* = \frac{\delta_3}{\delta_2 + \delta_3 + \cdots + \delta_{n+1}}, \quad \cdots, \quad \theta_n^* =$$

$$\frac{\delta_{n+1}}{\delta_2 + \delta_3 + \cdots + \delta_{n+1}} \tag{4-55}$$

θ_1^*，θ_2^*，$\cdots$，θ_n^* 表示经济增长最大化时，财政支出结构最合理。经济增长率不仅受各项财政支出的产出弹性影响，也要受到各项财政支出占财政总支出比例的影响，各项财政支出占财政总支出的比重等于该项财政支出的边际生产力贡献与财政总支出的边际生产力贡献的比例。因此，可以在政府的财政支出规模不变的情况下，各项财政支出都存在一个最优比重，政府通过调整财政支出结构，促进经济快速增长。

根据前面的分析可知，当经济增长最优时，各项财政支出有一个最优比重。但在实际中，各项财政支出的产出弹性和替代弹性则难以计算准确，很难得出各项财政支出的最优比重。因此，根据计量模型的结果，如果某项财政支出比重增加与经济增长之间负相关，则说明此项财政支出的比重超过了最优。如果某项财政支出比重增加与经济增长之间正相关，则说明此项财政支出还没有达到最优，应该增加其支出占财政总支出的比重。

（一）计量模型

为分析恩施州财政支出结构的合理性，本文采用的计量模型为前面分析的柯布—道格拉斯生产函数，在具体分析时，由于劳动力和资本存量影响到地方经济增长，所以在进行实证分析时，在计量模型中加入了这些变量。采用的模型如下：

$$y_t = g_{GDP_t} = c + \propto K_t + \beta L_t + \sum_i \gamma_i (G_{it}/G_t) + \mu_i \qquad (4-56)$$

式中，y_t 表示第 t 年的真实 GDP 增长率，G_{it}/G_t 表示第 t 年第 i 项财政支出占财政总支出的比例，本书选取了具有代表性的经济建设支出、行政管理支出、农业支出、科教文卫支出和社会保障支出占财政总支出的比例进行分析，分别为 G_{1t}/G_t、G_{2t}/G_t、G_{3t}/G_t、G_{4t}/G_t、G_{5t}/G_t。K_t 表示第 t 年投资增长率，用固定资产存量增长率代替。L_t 表示第 t 年劳动力增长率，用年底社会从业人数增长率代替。在进行回归分析时，选取数据为恩施州 1983~2012 年各项数据，以检验恩施州成立以来各项财政支出对经济增长的边际产出。由于财政支出对经济增长的滞后性，选择经济增长这一变量时，同时考虑到地方财政支出偏好短期目标这一行为，因变量 y_t（g_{GDP_t}）采用本年和其后三年的 GDP 实际四年滑动平均值，这样既消除财政支出可能带来的短期经济波动，同时也可以解释计量分析中的逆向因果关系和变量之间的内生性。

（二）计量结果与解释

表 4-5 是对恩施州财政支出结构与经济增长关系的检验结果，1.1、1.2、1.3、1.4、1.5 五个方程分别为经济建设支出、行政管理支出、农业支出、科教文卫支出和社会保障支出占财政总支出的比例与经济增长之间的计量结果。1.6 为总体财政支出结构与经济增长之间的计量结果。6 个回归方程的 Hausman 检验 W 值在统计上都显著，所以都采用固定影响变截距模型。

表 4-5　恩施州财政支出结构与经济增长关系的检验结果

自变量	1.1	1.2	1.3	1.4	1.5	1.6
C	0.10 (2.24**)	−0.08 (−1.27)	0.05 (1.38)	−0.15 (−1.83)	0.18 (6.93)	0.06 (0.77*)
K	0.02 (0.35*)	0.01 (0.22***)	0.02 (0.37**)	0.06 (0.97*)	0.05 (0.73*)	0.01 (0.27**)
L	0.34 (0.68**)	0.04 (0.43*)	0.03 (0.33**)	0.01 (0.15**)	0.11 (1.01*)	0.04 (0.46**)
G_{1t}/G_t	0.14 (0.76***)					0.32 (0.46***)
G_{2t}/G_t		−0.34 (3.51)				0.04 (1.52)
G_{3t}/G_t			0.58 (2.21)			0.72 (3.36***)
G_{4t}/G_t				0.09 (3.54***)		0.20 (0.42***)
G_{5t}/G_t					−0.05 (−2.16*)	−0.16 (−3.84)
W	32.1	18.7	19.5	16.77	19.88	22.5
AdjR−sqF	0.46	0.48	0.48	0.51	0.52	0.74
DW	3.42	4.51	2.56	6.21	12.43	4.2

注：与自变量对应的数字为回归系数，下面括号中的数字表示 t 值，*、**、*** 分别表示在 10%、5%、1% 的水平上显著。

从回归结果看，经济建设支出占财政总支出的比重 G_{1t}/G_t 与地方经济增长正相关，在回归 1.1、回归 1.6 中统计上显著。行政管理支出占财政总支出的比重 G_{2t}/G_t 与地方经济增长在 1.2 中负相关，但在 1.6 中正相关，在统计上都不显著。农业支出占财政总支出的比重 G_{3t}/G_t 与地方经济增长正相关，在 1.3 中统计上不显著，但在 1.6 中统计显著。科教文卫支出占财政总支出的比重 G_{4t}/G_t 与地方经济增长正相关，统计上显著。社会保障支出占财政总支出的比重 G_{5t}/G_t 与经济增长负相关，但在统计上不显著。

从表 4-5 可以看出，在进行财政支出结构与经济增长之间关系进行回归分析时，单个回归结果与总体回归结果有不一致的地方。对行政管理支出占财政总支出的比重与经济增长的关系进行回归分析，行政管理支出与经济增长负相关，与总体财政支出结构和经济增长之间的分析结果相反。这是因为单独考虑行政管理支出与经济增长关系时，有负的边际产出，增加这类财政支出就会阻碍经济的增长。在总支出不变的情况下，增加此类财政支出的产出弹性高于其他财政支出的产出弹性，就会出现与经济增长正相关的情况。农业支出占财政总支出的比重，在 1.3 中统计上不显著，但是在 1.6 中统计上显著，说明农业支出在总体结构中对经济增长的影响明显。同时，固定资产存量增长率和年底从业人员总数的增长率与经济增长之间正相关，且统计上有一定的显著性。

三、民族自治地区财政支出结构的优化

在实践中，财政支出项目对经济增长的影响并不是一成不变的。财政支出项目是否与经济增长相适应，取决于该项支出是否具有生产性。在不同时期，各个财政支出项目与地方经济增长具有适应性的一面，如恩施州处于贫穷落后地区，需要大量基础设施建设，因此投资性支出与当地经济增长正相关。理论上财政总支出规模存在最优值，这种最优同样体现在财政支出结构上。当某一

项财政支出项目超过了最优值，在研究结果上就表现为与经济增长负相关。

（一）调整经济建设支出，增加对基础设施的投资

从前面的分析可知，恩施州经济建设支出与经济增长正相关，说明恩施州经济建设支出还没有达到最优值，增加经济建设支出能促进经济总产出。恩施自治州成立时间短，经济发展基础薄弱，农村人口占大多数，整体发展比较落后、少数民族生活情况多样化及封闭的实际情况，决定了在财政支出中保障生存和生产的基础性公共服务需求量大。因此，在财政支出中，应加大对基础设施建设的支出，尤其对于非经营性的基础设施。同时加大对铁路、公路、水利、电力等支出，提高对农田基础设施和治理方面的支出。

（二）加大对科学研究和教育的支出，将科学技术转化为生产力

科教文卫支出具有很强的生产性，对经济增长和发展具有重要作用，是经济增长的重要源泉。增加科教文卫支出可以改变地区经济增长方式，实施科教兴州的战略。从分析结构看，恩施州科教文卫支出与经济增长正相关，说明恩施州科教文卫支出的提高可以增加经济总产出。恩施州的科教文卫支出绝对数增长率近年来呈下降趋势，科教文卫支出占财政总支出的比重近年来也呈下降趋势，但在财政支出结构中仍占第一位，说明恩施州对科教文卫的重视。民族素质的提高，科教兴州战略的实施需要增加科教文卫支出和研究与开发支出，恩施州需要调整此类支出，以满足社会发展的需要。同时要对此类支出进行统筹规划和协调，减少项目的重复和资金的浪费，尽量将科学技术形成生产力。

（三）加大农业投入，调整农业投资结构，强化农业基础地位

农业人口占大多数的恩施州，农业在国民经济中占有特殊的地位。增加农业支出的比重能提高经济总产出，强化农业的基础地位。恩施州农业支出绝对数的增长速度在财政总支出中仅次于科教文卫支出，在财政总支出中所占比例一直较为稳定。因此，要加大对农业的投入，尤其是对农业基础设施建设的投入。同时加强对农业科技的资助和推广，加快农业经济增长方式的转变。降低农业事业费的比重，缓解农业发展面临的资金短缺问题。

（四）推进政府机构改革，减少行政管理费支出，提高行政经费使用效率

恩施州行政管理费支出与经济增长负相关，说明行政管理费支出已经超过最优值，加重了财政负担。恩施州行政管理费绝对数增长呈下降趋势，但占财政支出总比重仍然较高。因此，需要进一步精简机构，建立高效的行政管理体系，同时强化预算约束，加快预算改革，加强财务管理与监督。严格控制行政管理费支出总额的增加，减少财政供养人员，提高资金使用效率。

（五）增加社会保障支出，维护社会稳定

恩施州社会保障支出虽然与经济增长负相关，但并不意味着社会保障支出阻碍了经济增长，而是说明社会保障支出挤占了其他财政支出，在总体结构分析中与经济增长负相关。随着地方经济体制改革的深入和人口迅速老龄化，加上失业人员增加，医疗费用上升等，恩施州社会保障压力变大。因此，在控制社会保障支出增长的同时，要完善社会保障体系和法律制度，加强社会保障立法，形成规范化的社会保障运行体系，促进社会保障体系健康发展。要依法扩大社会保障覆盖范围，力争把所有劳动力都纳入社会保障体系，加强社会保障统筹功能，降低劳动力的风险。

第五章　恩施州财政收入规模与结构

　　地方财政收入是按财政体制的规定，由各级地方财政组织、支配和使用的财政资金，它是各级地方政府履行其职能的财力保障。地方财政收入是与中央财政收入对应的一个概念，是衡量地方财政实力的基本指标。民族自治地区财政收入是民族自治地方自治机关为履行职能，在财政管理体制下，在一定时期组织、支配和使用的收入，是衡量民族自治地区财力的重要指标，是实现民族自治地区财政自治权的基本物质保证。

　　恩施州财政收入类型主要有三种：本级财政收入、地域财政总收入和地方财政总收入。本级财政收入即本级一般预算收入，包括税收收入、企业收入、专项收入及调入其他资金和其他收入等。地域财政总收入是指可供上级政府部门和恩施州各级政府部门支配和使用的财政资金，包括恩施州本级财政收入与上缴中央和省级财政收入。地方财政总收入是指供恩施州各级地方政府及其职能部门支配和使用的财政资金，代表的是恩施州财政可支配收入，具体包括本级财政收入和上级部门转移支付。

　　恩施州的本级财政收入中税收收入是最主要的构成部分，1994年以前，恩施州税收收入占恩施州本级财政收入比重均达到或超过100%。从1994年至今，税收收入占本级财政收入的比重逐渐下降，但仍为80%左右。恩施州的企业收入，主要是国有企业上缴财政的利润，国有企业上缴的固定资产折旧基金、固定资产变价和缴回的多余流动资金。1983年以后，国家实行第一、第二两步利改税，企业缴纳所得税和调节税。其中调节税仅 1986 年上缴了 6 万元，其余年份没有上缴部分。企业收入中包括上缴利润，到 1997 年停止。国有资产收益只有 1998 年的 86 万元和 1999 年的 5 万元。专项收入及调入其他资金主要是专项收入，包括排污费收入、水资源收入和教育费附加三项，调入其他资金项目较多，大多为年终平衡决算所用。恩施州 1983 年建州后，随着国家一系列对民族自治地区优惠政策的逐渐到位，上级对民族自治地区扶持力度的加大，特别是 1994 年实行分税制财政体制后，上级对恩施州执行转移支付、税收返还政策，转移支付逐渐增加，目前已占据恩施州财政收入的绝大部分。

第一节 恩施州财政收入规模

一、恩施州财政收入规模的变化

财政收入规模，是指财政收入的总水平，有绝对数和相对数两种表达形式。财政收入绝对数指的是财政收入总额，财政收入相对数通常用财政收入占 GDP 比重表示。对于民族自治地区财政收入规模而言，财政收入规模绝对数有本级财政收入、地域财政总收入和地方财政总收入，财政收入相对规模指前三类财政收入占 GDP 比重。恩施州自 1983 年建州以来，财政收入呈如下变化：

（一）财政收入增长较快，增长速度呈不规则变化

从图 5-1 可以看出，恩施州本级财政收入从 1983 年的 8742 万元增长到 2015 年的 318929 万元，增长了 36 倍。整体经济的发展，为恩施州财政收入打下了坚实的基础。恩施州本级财政收入总体上呈上升趋势，尤其是近年来，增长幅度较大。在 1994 年和

2002 年呈下降趋势，因为 1994 年中央财政体制改革，分税制的实行使得 1994 年财政收入与 1993 年相比有了大幅度下降，直到 1997 年才恢复到 1993 年的收入水平。2002 年财政收入下降，是因为从 2001 年开始，国家实施了以所得税优惠为主的西部大开发税收优惠政策，使得 2002 年恩施州财政收入比 2001 年有所下降，一直到 2004 年才恢复到 2001 年的收入水平。

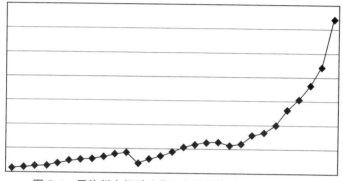

图 5-1　恩施州本级财政收入变化趋势（1983~2015 年）

　　图 5-2 反映的是恩施州本级财政收入增长率的变化趋势。从中可以看出，恩施州本级财政收入增长呈不规则变化趋势，增长幅度波动不一，没有规律可言，但总体上则是呈上升趋势的。说明恩施州本级财政收入受非即期收入和政策性、特殊性收入影响较大，这些因素与 GDP 增长关系不大，同时，非即期收入的入库也弥补了正常税源下降的影响。在恩施州财政收入增长率变化趋势中，1994 年和 2002 年财政收入增长率大幅度下降，之后又大幅度上升，与分税制财政管理体制改革和西部大开发的影响是密切相关的。另外，一些特殊因素也会带来恩施州本级财政收入的大幅度变化，如 2007 年卷烟税收入库就较上年大幅度增加，是因为湖北省给予了三年过渡期卷烟政策，享受了武烟集团的发展成果。另外，恩施州"两路"建设，即高速公路和铁路建设时期带来的营业税也促进了当年财政收入的增加。

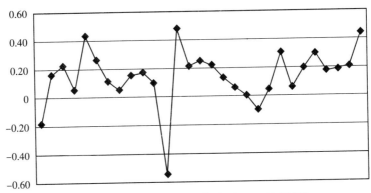

图 5-2　恩施州财政收入增长率（1983~2015 年）

（二）财政收入规模仍然较小

虽然恩施州本级财政收入呈逐年增长的态势，但是由于自身条件的限制，经济发展水平不高，制约了恩施州财政收入的规模。图 5-3 和图 5-4 是恩施州本级财政收入占 GDP 比重和恩施州地域财政总收入占 GDP 比重，从恩施州本级财政收入占 GDP 比重来看，建州以来开始缓慢上升，但在 1994 年则急剧下降，之后又缓慢上升，但一直在 8% 以下。从恩施州地域财政总收入占 GDP 比重看，该比重经历了先升后降，之后又上升的不同阶段。1983~1993 年上升幅度较低，其间某些年份还有细微下降，但到了 1994 年则大幅下降，

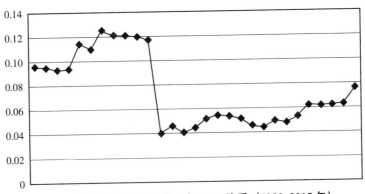

图 5-3　恩施州本级财政收入占 GDP 比重（1983~2015 年）

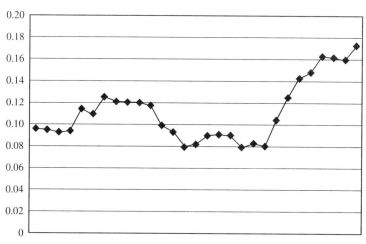

图 5-4　恩施州地域财政总收入占 GDP 比重（1983~2015 年）

一直到 2005 年才上升到与 1993 年持平的比重，之后开始逐步上升。恩施州地域财政总收入占 GDP 比重最高的年份是 2015 年的 17%。

　　财政收入占 GDP 比重，反映的是政府对经济和社会的调控能力，是衡量财政收入规模的相对指标。恩施州财政总收入占 GDP 的比重，反映的是恩施州地方政府可以支配和使用的社会资源。恩施州财政收入占 GDP 比重的上升，反映了自治地区自治机关对本民族自治地区经济和社会发展的调控能力不断增强。但是与全国平均水平相比，这一比重还是偏低。以 2011 年为例，当年全国财政收入占 GDP 比重为 22%，恩施州地域财政总收入占 GDP 比重为 17%，而恩施州本级财政收入占 GDP 比重仅为 8%。

　　（三）财政自给率下降，高度依赖上级财政

　　财政自给率是指一定时期地方财政一般预算内收入与一般预算内支出的比值，也是地方自有财力占财政总支出的比重，是衡量地方财政运行状态的重要标志。

　　计算公式为：

　　财政自给率 = 一般预算收入/一般预算支出 = 自有财政收入/财政总支出 =（财政总收入 - 上级补助收入）/财政总支出

财政自给率不仅反映了地方财政运行状况，也反映了地方财政对上级财政的依赖程度。分税制前，地方财政不但可以自己保证自己的财政支出需求，而且还略有盈余。1994 年地方财政自给率急剧下降为 0.57，1995 年为 0.62，1996 年为 0.65，1997 年为 0.66，2002 年为 0.559，2003 年为 0.572，2004 年为 0.58。地方财政收入不能很好满足支出的需要，形成了地方普遍接受中央财政补助的收入分配格局。民族自治地区尤为如此。民族自治地区的财政自给率较低，大多数民族（省）自治区财政长期入不敷出，在 8 个少数民族（省）区中，中央财政补助占总收入比重超过 0.5 的有 4 个，民族自治地区对中央财政依赖程度较深。政府级次的不同，其财政自给率也各不相同。政府级次越高，凭借财政管理体制制定权获取所需财力的可能性越大；级次越低，则失去财政管理体制制定权上的优势。说明处于较低级次的政府，较低的财政自给率意味着社会公共服务需要满足程度的绝对低下。

表 5-1　恩施州财政自给率

年份	财政自给率	年份	财政自给率
1983	0.58	1995	0.39
1984	0.55	1996	0.43
1985	0.61	1997	0.45
1986	0.47	1998	0.53
1987	0.61	1999	0.47
1988	0.71	2000	0.45
1989	0.67	2001	0.35
1990	0.66	2002	0.28
1991	0.70	2003	0.27
1992	0.70	2004	0.27
1993	0.72	2005	0.23
1994	0.28	2006	0.20

年份	财政自给率	年份	财政自给率
2007	0.24	2012	0.22
2008	0.22	2013	0.23
2009	0.18	2014	0.27
2010	0.17	2015	0.20
2011	0.20		

自 1983 年建州以来，恩施州 1983~2015 年财政自给率如表 5-1
所示。从表 5-1 中可以看出，财政自给率在 1983~1993 年总体上
呈上升趋势，说明在国家特殊优惠的财政政策下，恩施州的财政保
障能力不断得到加强，财源建设得到重视。从分税制实行的 1994
年开始，恩施州的财政自给率不断下降，到 2015 年仅为 0.20，其
中最低的 2010 年仅为 0.17。不断走低的财政自给率说明本地区财
政收入增长难以支撑本地经济的发展，收支矛盾日益突出。地方可
支配财力不断变小，对上级政府的依赖越来越严重。

（四）本级财政收入占上划中央省级收入比重下降

"一刀切"的财政管理体制，对民族自治地区在税种、税率、
共享税分成方面没有任何优惠和照顾。把具有自身特殊性的民族自
治地区财政纳入大一统的财政管理体制中，造成民族自治地区主体
税种划归中央，分散小税种留给地方。不仅如此，共享税中，除了
上缴中央财政外，增值税、企业所得税、个人所得税属于地方的部
分还由湖北省和恩施州共享，以烟叶为主体收入的烟叶财政也大部
分归湖北省。2002 年，湖北省政府根据中央实施所得税分享改革
的精神，对财政收入划分体制进行了调整和完善，扩大了税收分享
范围。其具体分享比例是：第一，企业所得税和个人所得税 2002
年地方 50%部分省分享 20%、市分享 30%，2003 年地方 40%部分
省分享 15%、市分享 25%，2004 年至今，省、市分享比例与 2003
年相同；第二，增值税 25%部分省分享 8%、市分享 17%；第三，

营业税省分享 30%、市分享 70%；第四，7 种小税以 2001 年实际入库数为基数实行定额上解省，未实行增量分享。

在表 5-1 中，可以看出，在分级分税财政管理体制改革之前的 1993 年，恩施州财政自给率达到 0.72，为历年最高，分税制改革实行后，恩施州财政自给率逐年下降，到 2010 年仅为 0.17，收支缺口达到 123.6 亿元，财政支出占本级财政收入的比例达到556.6%。从增长速度来看，以 2008 年为例，尽管当年财政总收入增长了 32%，但其中本级财政收入仅增长 18%，而上划中央省级财政收入则增长了 39.1%，本级财政收入的增幅比上划中央省级收入和财政总收入的增幅分别低 21.1 和 12.2 个百分点。这一指标在2007 年更是低至 35.6 和 18.5 个百分点。

从本级财政收入和上划中央省级收入占财政总收入的比重看（见表 5-2），2006 年为 46：54，2007 年为 42：58，2008 年这一比重调整为 38：62。2009 年，恩施州本级财政收入为 18.2885 亿元，当年上划中央四税为 25.9031 亿元，上划省级四税为 3.3049 亿元，本级财政收入与上划中央省级收入占财政总收入的比重为39：61。

表 5-2　恩施州本级财政收入与上划中央省级收入占财政总收入的比值

年份	2002	2003	2004	2005	2006	2007	2008	2009
比重	55：45	54：46	58：42	63：37	46：54	42：58	38：62	39：61

2006~2009 年，恩施州本级财政收入与上划中央省级收入比值如表 5-3 所示，从 2006 年开始，一般预算收入的绝对数低于地方上划中央和省级的收入，且比例有所降低。

表 5-3　恩施州 2006~2009 年本级财政收入占上划中央省级收入的比值

年份	2006	2007	2008	2009
比值	0.85	0.72	0.61	0.63

地方财政的收入增长幅度低于上划给中央和省级收入的增幅，本级财政收入小于上划中央省级收入，使得地方自治机关发展经济、培育财源的积极性大大降低。地方财政支出严重依赖于上级政府的转移支付，除了自治机关不愿意舍弃上级政府的转移支付外，更大的原因在于现行财政管理体制改革忽视了民族自治地区财政的特殊性，没有给予民族自治地区更优惠的财政政策。

二、财政收入规模的实证分析

民族自治地区财政收入是支撑民族自治地区自治机关实现地方经济增长，促进民族自治地区社会协调发展的重要物质保证，民族自治地区财政收入规模直接影响着民族自治地区经济发展。因此，合理的财政收入规模应该是与民族自治地区经济发展水平相适应，民族自治地区财政收入规模的增长应该与当地经济发展水平保持一致。合理的财政收入规模，可以从财政收入规模与经济增长之间的相关性进行分析，也可以从财政收入占 GDP 的比重来分析。研究民族自治地区财政收入规模与经济增长的相关性并依据民族自治地区经济发展特点来促进民族自治地区财政收入与经济增长协调发展。

（一）恩施州财政收入规模总量模型

为研究恩施州财政收入规模与经济增长的相关性，建立如下模型：

$$F_i = \alpha + \beta GDP_i + \mu \qquad\qquad (5-1)$$

式中，F_i 表示第 i 年恩施州财政收入，为真实反映恩施州财政收入规模情况，这里 F_i 用本级财政收入、地域财政总收入和财政总收入分别进行分析。GDP_i 表示恩施州真实 GDP。由于恩施州财政收入与 GDP 都具有非平稳性，但其滞后一期是平稳的。因此，在进行模型分析时，使用 $D(F_i)$ 和 $D(GDP_i)$，即恩施州财政收入与 GDP 的一阶差分，以使时间序列变得平稳。根据恩施州 1983~

2011 年财政收入和 GDP 具体数据，得如下方程：

$$D(F_{1i}) = -6295.749 + 0.079634D(GDP_{1i}) + AR \qquad (5-2)$$
$$(-1.739182) \qquad (9.441957) \qquad (0.242389)$$

式（5-2）得出的是恩施州本级财政收入与 GDP 的回归结果。式中 $R^2 = 0.9918$，$DW = 2.1864$，$F = 89.155$。表明恩施州 GDP 每增加 1 亿元，恩施州本级财政收入增加 0.0796 亿元，即新增加的 GDP 中有 7.96% 变为恩施州本级财政收入。

$$D(F_{2i}) = -37882.63 + 0.165747D(GDP_{2i}) + AR \qquad (5-3)$$
$$(-3.746229) \qquad (23.68027) \qquad (0.154486)$$

式（5-3）得出的是恩施州地域财政收入与 GDP 的回归结果，$R^2 = 0.9540$，$DW = 1.8061$，$F = 560.753$。表明恩施州 GDP 每增加 1 亿元，恩施州地域财政收入增加 0.1657 亿元，即新增加的 GDP 中有 16.57% 变为恩施州地域财政收入。

$$D(F_{3i}) = -22937.41 + 0.437497D(GDP_{3i}) + AR \qquad (5-4)$$
$$(-2.768374) \qquad (15.51153) \qquad (0.452367)$$

式（5-4）得出的是恩施州财政总收入即可支配财力与 GDP 的回归结果，$R^2 = 0.8991$，$DW = 1.7714$，$F = 240.607$。表明恩施州可支配财政即本级财政收入加上上级转移支付占 GDP 的比重为 43.74%，这一结果已经大大超过了全国财政收入占 GDP 的比重。

（二）财政收入弹性分析

对恩施州财政收入进行弹性分析时，把 1983~2011 年恩施州财政收入增长与 GDP 增长进行取对数处理，为消除序列相关，使用变量的一阶滞后差分处理，使用如下模型：

$$LnF_i = \alpha + \beta LnGDP_i + \mu \qquad (5-5)$$

式（5-5）中 F_i 表示恩施州财政收入增长率，F_{1i}、F_{2i}、F_{3i} 分别表示恩施州本级财政收入增长率、地域财政总收入增长率、财政总收入增长率，GDP_i 表示 GDP 增长率。分别进行回归，得如下方程：

$$LnF_{1i} = 0.092311 + 0.362614LnGDP_i + AR \qquad (5-6)$$
$$(1.415534) \qquad (0.972244) \quad (0.986232)$$

式（5-6）得出的是恩施州本级财政收入增长与 GDP 增长弹性的回归结果，$R^2 = 0.9856$，DW = 2.1047，F = 432.156，AR 为自回归项。回归结果表明恩施州 GDP 每增加 1%，本级财政收入增加 0.36%。

$$LnF_{2i} = 0.103469 + 0.490336LnGDP_i + AR \qquad (5-7)$$
$$(2.854963) \qquad (2.349875) \quad (1.253462)$$

式（5-7）得出的是恩施州地域财政总收入增长与 GDP 增长弹性的回归结果，$R^2 = 0.9126$，DW = 1.7547，F = 233.154，AR 为自回归项。回归结果表明恩施州 GDP 每增加 1%，地域财政收入增加 0.49%。

$$LnF_{3i} = 0.183401 + 1.591972LnGDP_i + AR \qquad (5-8)$$
$$(6.017201) \qquad (3.125467) \quad (2.035912)$$

式（5-8）得出的是恩施州财政总收入增长与 GDP 增长弹性的回归结果，$R^2 = 0.8998$，DW = 2.1658，F = 330.214，AR 为自回归项。回归结果表明恩施州 GDP 每增加 1%，财政总收入增加 1.59%。

从以上分析可以得出：

（1）恩施州财政收入增长与地方经济发展密切相关，经济发展是财政收入规模增长的基础，因此，要保持财政收入的稳定增长，必须大力发展地方经济。

（2）从恩施州财政收入与经济增长关系看，地域财政收入高于本级财政收入，不管是从财政收入总体规模上看，还是财政收入弹性上看，地域财政收入快于本级财政收入，表明在恩施州财政收入中，上缴中央和省级财政收入增长快于恩施州本级财政收入增长。

（3）恩施州财政总收入即可支配财政占 GDP 比重已经大大超过全国平均水平，而本级财政收入和地域财政总收入又低于全国平均水平，说明在恩施州财政总收入中，上级部门转移支付占据了绝大部分。这使得民族自治地区自治机关在增加地方财政收入的途径上，过多把注意力放在争取上级部门的援助上，对发展本地经济，促进本地区财政自立方面努力程度不够。

第二节 恩施州财政收入结构

财政收入结构，是指财政收入中不同来源的收入构成及其比例关系。对财政收入结构的研究，其实质是对财政收入规模深化的研究，其目的是对财政收入中不同来源的收入的发展变化进行分析，寻求增加财政收入的合理途径。对民族自治地区财政收入结构进行分析，是为探求民族自治地区财政收入增长乏力的原因，寻求增加财政收入的对策。

一、民族自治地区财政收入的构成

民族自治地区财政收入具体有本级财政收入、地域财政总收入和财政总收入三种，本级财政收入即一般预算收入，是衡量民族自治地区地方财政实力的基本指标，也是反映一个地方经济增长和效益的综合指标。地域财政总收入包括本级财政收入和上缴收入，财政总收入是在地域财政总收入基础上，加上上级转移支付，是地方可支配财力。

（一）本级财政收入

恩施州本级财政收入主要包括税收收入和非税收入两种，是地方财政收入的重要组成形式。恩施州 1983~2011 年税收收入与非税收入特点如表 5-4 所示。

表 5-4　恩施州本级财政收入结构统计表

年份	本级财政收入(万元)	税收收入(万元)	税收收入增长速度(%)	非税收入(万元)	非税收入增长速度(%)	税收收入占本级财政收入比重（%）	非税收入占本级财政收入比重（%）
1983	8742	8750	—	-8	—	100	—
1984	10161	10656	22	-495	—	105	—
1985	12474	12833	20	-359	—	103	—
1986	13170	17645	37	-4475	—	134	—
1987	18876	21615	22	-2739	—	115	—
1988	23841	24197	12	-356	—	101	—
1989	26474	28535	18	-2061	—	108	—
1990	27810	29081	2	-1271	—	105	—
1991	32188	36292	25	-4104	—	113	—
1992	37729	38499	6	-770	—	102	—
1993	41410	41545	8	-135	—	100	—
1994	19042	18667	-55	375	—	98	2
1995	28131	27427	47	704	88	97	3
1996	34214	33766	23	448	-36	99	1
1997	42881	42369	25	512	14	99	1
1998	52373	48095	14	4278	736	92	8
1999	59303	51735	8	7568	77	87	13
2000	63112	54465	5	8647	14	86	14
2001	63411	52306	-4	11105	28	82	18
2002	57337	45292	-13	12045	8	79	21
2003	60210	48497	7	11713	-3	81	19
2004	78504	66611	37	11893	2	85	15
2005	83445	67313	1	16132	36	81	19
2006	100293	80248	19	20045	24	80	20
2007	130535	101208	26	29327	46	78	22
2008	154017	119702	18	34315	17	78	22
2009	182885	140376	17	42509	24	77	23
2010	221599	167533	19	54066	27	76	24
2011	318929	263275	57	55654	3	83	17

　　注：在表中，税收收入高于本级财政收入，是因为恩施州的企业收入在 1983 年、1997 年都为负数，税收收入+企业收入+其他收入=本级预算收入，所以本级财政收入低于税收收入。

1. 税收收入和非税收入都有不同程度增长，但呈不规则状态

从绝对数看，恩施州的本级财政收入中，税收收入和非税收入都有不同程度的增长。从增长速度来看，都呈不规则增长状态，说明不论是税收收入还是非税收入，即时性、特殊性政策对收入的影响很大。税收收入中，1994 年、2001 年和 2002 年的增长为负数，这说明财政管理体制的变化对民族自治地区税收收入的影响巨大。1994 年实行分税制使得恩施州税收收入大幅度下降，2001 年实行以所得税优惠为主的西部大开发税收优惠政策也对恩施州税收收入形成了极大影响，造成连续两年税收收入负增长。非税收入方面，只有 1996 年、1997 年、2003 年、2004 年、2008 年和 2011 年增长速度低于税收收入增长速度。

2. 税收收入在本级财政收入中占据主导地位

1983~1993 年，恩施州税收收入占恩施州本级财政收入的比重一直在 100%以上，对恩施州财政收入的贡献最大。但是 1994 年之后税收收入占本级财政收入的比重却呈逐年下降趋势，2010 年达到最低，仅为 76%。尤其是分税制实施后的几次税收收入分配关系的变化，直接导致恩施州税收收入占本级财政收入的比重降低。

3. 非税收入占本级财政收入的比重逐年上升

恩施州的非税收入主要是由企业收入、罚没收入、专项收入及调入其他资金构成。2001 年以后，恩施州企业收入由税收代替，不再由财政管理。非税收入占恩施州本级财政收入的比重从负数到 2011 年的 17%，最高的是 2010 年的 24%。

（二）地域财政收入

恩施州地域财政收入包括本级财政收入和上缴收入两种，其收入构成如表 5-5 所示。

表 5–5　恩施州地域财政收入统计表

年份	地域财政收入（万元）	上缴收入（万元）	上缴收入增长率	本级财政收入（万元）	本级财政收入增长率	上缴收入占地域财政收入比重	本级财政收入占地域财政收入比重
1983	8742	3026	—	8742	—	0.26	0.74
1984	10161	3639	0.20	10161	0.16	0.26	0.74
1985	12475	120	−0.97	12474	0.23	0.01	0.99
1986	13170	53	−0.56	13170	0.06	0.01	0.99
1987	18876	1495	27.21	18876	0.43	0.07	0.93
1988	23841	497	−0.67	23841	0.26	0.02	0.98
1989	26474	1065	1.14	26474	0.11	0.04	0.96
1990	27810	1117	0.05	27810	0.05	0.04	0.96
1991	32188	5290	3.74	32188	0.16	0.14	0.86
1992	37729	2488	−0.53	37729	0.17	0.06	0.94
1993	41410	3033	0.22	41410	0.10	0.07	0.93
1994	47339	28297	8.33	19042	−0.54	0.60	0.40
1995	57358	29227	0.03	28131	0.48	0.51	0.49
1996	67440	33226	0.14	34214	0.22	0.49	0.51
1997	79332	36451	0.10	42881	0.25	0.46	0.54
1998	91294	38921	0.07	52373	0.22	0.43	0.57
1999	99013	39710	0.02	59303	0.13	0.40	0.60
2000	106036	42924	0.08	63112	0.06	0.40	0.60
2001	98090	34679	−0.19	63411	0.00	0.35	0.65
2002	104234	46897	0.35	57337	−0.10	0.45	0.55
2003	109501	49291	0.05	60210	0.05	0.45	0.55
2004	165150	86646	0.76	78504	0.30	0.52	0.48
2005	215478	132033	0.52	83445	0.06	0.61	0.39
2006	270473	170180	0.29	100293	0.20	0.63	0.37
2007	311148	180613	0.06	130535	0.30	0.58	0.42
2008	405234	251217	0.39	154017	0.18	0.62	0.38
2009	474965	292080	0.16	182885	0.19	0.61	0.39

续表

年份	地域财政收入（万元）	上缴收入（万元）	上缴收入增长率	本级财政收入（万元）	本级财政收入增长率	上缴收入占地域财政收入比重	本级财政收入占地域财政收入比重
2010	559626	338027	0.16	221599	0.21	0.60	0.40
2011	719516	400587	0.19	318929	0.44	0.56	0.44
2012	909833	505533	0.26	404300	0.27	0.56	0.44
2013	1066007	565547	0.19	500460	0.24	0.53	0.47
2014	1186320	608086	0.08	578234	0.16	0.51	0.49
2015	1320525	648187	0.06	672337	0.16	0.49	0.51

1. 分税制改革前后上缴收入变化大

分税制改革前，即 1983~1993 年恩施州上缴收入数额较少，且增长起伏不定。在此期间，根据湖北省对鄂西州（恩施自治州前身）实行的"划分税种、核定收支、分级包干、收大于支的定额上缴、收不抵支的定额补助"财政体制，恩施州共上缴 21823 万元。1994 年分税制改革后，中央与地方划分税种，使得上缴部分大幅度上升。从增长幅度看，2001 年为负增长，主要是 2001 年实行的西部大开发税收优惠政策对当年中央和地方财政收入造成大幅度下降，其余年份的增长速度则表现为起伏不定。

2. 上缴收入占地域财政总收入的比重逐年上升

分税制实施前，恩施州财政上缴收入占地域财政总收入比重一直较低，除 1983 年和 1984 年的 26% 及 1991 年的 14% 外，其余年份所占比重均低于 10%。分税制实施当年，这一比例急剧上升为 60%，之后逐年下降，一直到 2001 年回落到 35%。从 2002 年开始，湖北省政府根据中央实施所得税分享改革的精神，对财政收入划分体制进行了调整和完善，扩大了税收分享范围。其具体分享比例是：第一，企业所得税和个人所得税 2002 年地方 50% 部分省分享 20%、恩施州分享 30%，2003 年地方 40% 部分省分享 15%、恩施州分享 25%，2004 年至今，省、恩施州分享比例与 2003 年相同；第二，增值税 25% 部分省分享 8%、恩施州分享 17%；第三，营业税省分享 30%、恩施州分享 70%。从 2004 年开始，恩施州财政收入中上缴收入已经上升到 50% 以上，2006 年达到 63%，已经占据了恩施州地域财政收入的绝大部分。此后开始逐年小幅度下降，到 2015 年上缴财政收入下降到 49%。

（三）财政总收入

恩施州财政总收入包括本级财政收入和上级转移支付两种，是地方可支配财力，其收入构成如表 5-6 所示。

表 5-6　恩施州财政总收入结构

年份	地方财政总收入（万元）	财政总收入增长率	本级财政收入（万元）	转移支付收入（万元）	转移支付占财政总收入比重	本级财政收入占财政总收入比重
1983	17876	—	8742	9134	0.51	0.49
1984	21929	0.23	10161	11769	0.54	0.46
1985	22872	0.04	12474	10398	0.45	0.55
1986	27159	0.19	13170	13989	0.52	0.48
1987	32135	0.18	18876	13259	0.41	0.59
1988	35427	0.10	23841	11588	0.33	0.67
1989	39206	0.11	26474	12732	0.32	0.68
1990	41914	0.07	27810	14104	0.34	0.66
1991	50452	0.20	32188	18264	0.36	0.64
1992	51941	0.03	37729	14212	0.27	0.73
1993	56635	0.09	41410	15225	0.27	0.73
1994	61084	0.08	19042	42042	0.69	0.31
1995	73476	0.20	28131	45345	0.62	0.38
1996	82723	0.13	34214	48509	0.59	0.41
1997	96488	0.17	42881	53607	0.56	0.44
1998	105035	0.09	52373	52662	0.50	0.50
1999	129072	0.23	59303	69769	0.54	0.46
2000	148430	0.15	63112	85318	0.57	0.43

年份	地方财政总收入（万元）	财政总收入增长率	本级财政收入（万元）	转移支付收入（万元）	转移支付占财政总收入比重	本级财政收入占财政总收入比重
2001	168415	0.13	63411	105004	0.62	0.38
2002	205474	0.22	57337	148137	0.72	0.28
2003	211086	0.03	60210	150876	0.71	0.29
2004	270716	0.28	78504	192212	0.71	0.29
2005	337887	0.25	83445	254442	0.75	0.25
2006	423141	0.25	100293	322848	0.76	0.24
2007	548893	0.30	130535	418358	0.76	0.24
2008	724847	0.32	154017	570830	0.79	0.21
2009	994930	0.37	182885	812045	0.82	0.18
2010	1172027	0.18	221599	1030025	0.81	0.19
2011	1507226	0.29	318929	1188297	0.79	0.21
2012	1796939	0.19	404300	1392639	0.78	0.22
2013	2166942	0.21	500460	1666482	0.77	0.23
2014	2163214	—	578234	1584980	0.73	0.27
2015	3325926	0.54	672337	2653589	0.80	0.20

1. 恩施州财政总收入从长期看，无论是绝对数还是相对数都呈增长态势

从绝对数看，恩施州 2015 年财政总收入比 1983 年增加了 186 倍。从增长率看，1983~2015 年呈缓慢增长态势，但是起伏波动较大，呈不规则状态。1994 年以前（含 1994 年），地方财政收入增长率在 10%及以下的年份有一半，其余年份增长最高的为 1984 年的 23%。自 1995 年开始，恩施州财政总收入增长率在 10%以下年份仅有 1998 年的 9%和 2003 年的 3%，其余年份中，增长率最高年份为 2015 年的 54%。

2. 上级转移支付已经占据恩施州财政总收入的绝大多数

恩施州财政总收入中，上级转移支付在 1994 年前呈逐渐下降

趋势，财政总收入中本级财政收入占据主要地位。上级转移支付占财政总收入比重从 1983 年的 51% 下降到 1993 年的 27%，与此同时，本级财政收入占财政总收入的比重呈相反增长态势，从 1983 年的 49% 上升到 1993 年的 73%。1994 年，恩施州财政总收入中上级转移支付急剧上升到 69%，之后下降到 1998 年的 50%。从 1999 年开始逐步上升至 2011 年，最高的 2009 年达 82%，这意味着 2010 年恩施州本级财政收入仅占可支配财政的 18%。

二、财政收入产业结构

（一）民族自治地区产业结构分析

恩施自治州自 1983 年成立以来，民族自治地区经济稳定快速发展，其产业结构变动过程明显加速，产业结构变动调整合理。就其具体而言，恩施州第一产业基本呈稳步下降趋势，第二产业稳步上升，第三产业近期快速发展。恩施州三次产业结构状况如表 5-7 所示。

表 5-7 恩施州三次产业结构状况

年份	GDP（万元）	第一产业（万元）	第二产业（万元）	第三产业（万元）	三次产业结构比例
1983	91389	52207	19133	20049	0.57：0.21：0.22
1984	107165	61583	22489	23093	0.57：0.21：0.22
1985	134842	75478	31448	27916	0.56：0.23：0.21
1986	140610	74897	33731	31982	0.53：0.24：0.23
1987	165913	80848	44807	40258	0.49：0.27：0.24
1988	217905	118847	47484	51574	0.55：0.22：0.23
1989	212255	104727	50324	57204	0.51：0.25：0.24
1990	230190	118889	53330	57971	0.52：0.23：0.25
1991	267332	135330	66601	65401	0.51：0.25：0.24
1992	315213	148434	89515	77264	0.47：0.28：0.25
1993	354475	160898	102770	90807	0.46：0.27：0.27

续表

年份	GDP（万元）	第一产业（万元）	第二产业（万元）	第三产业（万元）	三次产业结构比例
1994	479089	225549	122670	130870	0.47：0.26：0.27
1995	617308	305341	142729	169238	0.49：0.23：0.28
1996	845960	428620	192356	224984	0.50：0.23：0.27
1997	968999	473197	221756	274046	0.49：0.23：0.28
1998	1016466	477443	236985	302038	0.47：0.23：0.30
1999	1091206	498782	264838	327586	0.50：0.24：0.26
2000	1183637	521886	295064	366687	0.55：0.25：0.30
2001	1235321	533574	295547	406200	0.43：0.24：0.33
2002	1261537	505929	307109	448499	0.40：0.24：0.36
2003	1363328	545261	326269	491799	0.40：0.24：0.36
2004	1588220	681919	354475	551826	0.43：0.22：0.35
2005	1730000	712700	424400	669400	0.41：0.25：0.34
2006	1895000	727900	497000	761100	0.38：0.26：0.34
2007	2103500	793600	518600	884700	0.38：0.25：0.37
2008	2491800	894200	659500	1105590	0.35：0.27：0.38
2009	2942600	960100	790500	1192000	0.33：0.27：0.40
2010	3511300	1076500	1009200	1425600	0.30：0.29：0.41
2011	4181926	1182526	1331700	1667700	0.28：0.32：0.40
2012	4821890	1249090	1644200	1333200	18.5：38.5：43.0
2013	5524843	1332843	1977500	1608500	17.3：40.2：42.5
2014	6120103	1390278	2216400	1808600	22.7：36.2：41.1
2015	6708118	1438642	2444200	1973200	21.4：36.4：42.2

1. 第一产业所占比重呈下降趋势

恩施州第一产业所占比重明显呈下降趋势，从最高的 1983 年的 57% 下降到 2015 年的 21.4%，下降趋势明显，但所占比例仍然偏高，农业经济特征明显。以 2007 年为例，2007 年全国第一产业占 GDP 比重为 11.3%，全国民族自治地区第一产业占 GDP 比重为 16.6%，而东部地区这一比重仅为 7.1%，恩施州第一产业占 GDP

的比重为 38%，远远高于全国平均水平和民族自治地区平均水平。第一产业比重下降，说明农业结构单一的局面被打破，农业结构有所调整。从具体上看，农、林、牧、渔产值在农业总产值中的比例关系进一步得到调整，即农业、林业比重下降，牧业比重上升，渔业比重保持稳定，全州基本形成了以烟叶、茶叶、畜牧、林果、药材和特色蔬菜为主的六大农业特色产业。

2. 第二产业所占比重增长缓慢

恩施州第二产业占 GDP 的比重由 1983 年的 21% 上升到 2015 年的 36.4%，但上升缓慢，且起伏不定。2011 年恩施州第二产业占 GDP 比重首次超过第一产业占 GDP 的比重，其产业增加值为 21.2%，远远高于第一产业增加值 4.5%。以 2007 年为例，2007 年全国第二产业占 GDP 比重为 48.6%，全国民族自治地区第二产业占 GDP 比重为 46.3%，东部地区更是为 51.5%，恩施州当年的第二产业占 GDP 比重为 25%，远远低于全国平均水平和民族自治地区平均水平。恩施州第二产业占 GDP 比重缓慢增长且在 2011 年首次超过第一产业占 GDP 比重，说明工业内部结构的逐步调整，以卷烟、电力、药化、富硒绿色食品和建材为主的五大支柱产业逐渐壮大。

3. 第三产业所占比重增加较快

恩施州第三产业占 GDP 比重由 1983 年的 22% 上升到 2015 年的 42.2%，增长较快。2008 年恩施州第三产业占 GDP 比重首次超过第一产业占 GDP 比重，在三次产业占 GDP 比重中最高，其中 2010 年为 41%。自 1994 年开始，第三产业占 GDP 比重就稳稳高于第二产业占 GDP 比重。2007 年全国第三产业占 GDP 比重为 40.1%，全国民族自治地区第三产业占 GDP 比重为 37.1%，东部为 41.4%，恩施州为 37%，与全国民族自治地区持平，略低于全国平均水平和东部。第三产业占 GDP 比重的增加，说明恩施州第三产业的快速发展，以重点景区建设为主的旅游产业初步形成，传统的服务业如运输业、批发零售、住宿餐饮业稳定发展，现代服务业如租赁、商务服务业、计算机服务和软件业、金融业、房地产业、科学研究技术服务、水利、环境和公共设施管理业等行业逐步发展。

（二）财政收入的产业结构

经济的稳步发展和产业结构的调整在财政收入上得到体现，随着产业结构的不断调整和变化，恩施州财政收入结构也呈现出有增有减、逐步调整的态势。由于恩施州财政收入（为了更真实地反映恩施州财政收入结构，这里采用地域财政总收入）中绝大部分来自税收，因此分析恩施州财政收入的产业结构时以税收收入为主。

1. 第一产业提供的财政收入比重逐渐降低

第一产业提供税收比重很低，并逐年下降。从 2002 年到 2007 年，恩施州第一产业提供的财政收入分别为 19422 万元、20672 万元、19742 万元、15711 万元、14914 万元、16199 万元，年均递减 3.6 个百分点，而且所占税收收入比重由 2002 年的 42.9% 下降到 2007 年的 16%，年均下降 17.9%。第一产业直接实现的税收为零，这是国家对第一产业采取多予少取政策的结果。2004 年免收农业税，2005 年取消农业特产税，2006 年将烟叶特产税改征烟叶税后，恩施州直接从第一产业收取的税收下降为零。

2. 第二产业对财政收入贡献较大

恩施州第二产业对财政收入的贡献，与产业结构的发展并不一致。从 1994 年开始，恩施州第二产业在三产业结构中占 GDP 比重最低。直到 2011 年，第二产业占 GDP 比重才超过第一产业。但恩施州第三产业对财政收入的贡献在三产业中是最大的。2007 年恩施州第二、第三产业实现税收的比例为 72.8∶27.2。2008 年恩施州第二产业实现税收 264569 万元，第三产业实现税收 117879 万元，比例为 69.2∶30.8。2009 年这一比例为 64.2∶35.8，2010 年为 59.2∶40.7，2011 年为 60.5∶38.5。从近几年第二、第三产业对财政收入的贡献看，虽然第二产业所占比重在逐年下降，但是仍占据多数，第二产业对恩施州财政收入的贡献仍然举足轻重。

3. 第三产业提供的财政收入增加迅速

恩施州第三产业发展迅速，产业增加值 2007 年为 13%，2008年为 12.2%，2009 年为 13.5%，2010 年为 14.9%，2011 年为14.6%。第三产业提供的财政收入也呈快速增长趋势。从上面分析可以看出，2011 年恩施州第三产业提供的税收收入比重占到 40%以上。从第三产业提供税收的结构看，主要来自于建筑业、金融业、房地产业、信息传输业和住宿餐饮业五个行业。

4. 支柱产业壮大财政实力

烟草、电力、建筑材料、煤炭和食品医药加工构成了恩施州的五大支柱产业。以 2008 年为例，电力的生产和供应增加值为 19.71亿元，占规模工业的比重为 49.4%，已经成为恩施州工业中占绝对优势的第一支柱产业，同比增长 47.8%；富硒食品、饮料制造及农副食品加工业实现增加值 7.59 亿元，比重为 19%，增长 15.1%，为仅次于电力行业的第二大支柱工业；建材行业实现增加值 3.32亿元，比重为 8.3%，增长 16.6%；医药制造业增加值为 2.13 亿元，比重为 5.3%，增长 38.5%。

与此相适应，支柱产业的强势发展也壮大了政府财力。2008年，烟草行业实现税收收入 211648 万元，占税收总额的 55.3%，同比增收 46409 万元，增长 28.1%，拉动税收收入增长 12.1%。电力行业完成税收 45446 万元，占税收总额的 11.9%，同比增长106.2%，拉动税收收入增长 6.1%。建筑建材行业完成税收 35911万元，占税收总额的 9.4%，同比增长 1.6%。煤炭行业实现税收5851 万元，占税收总额的 1.5%，同比增长 26.4%。此外，食品加工行业实现税收 3587 万元，同比增长 49.5%。医药制造行业完成税收 831 万元，同比增长 64.9%。烟草、电力、建筑建材、煤炭和食品医药加工五大支柱产业共提供税收 303274 万元，占全部税收的比重为 79.3%，同比增收 73104 万元，占全部增收额的 75.3%，拉动税收收入增长 19.1%。

三、财政收入层级结构分析

财政收入层级结构，指财政收入中政府级次构成。恩施州的财政收入层级结构中，分为州直、县（市）、乡镇三级。以恩施州2000~2011 年财政收入层级结构为例（见表 5-8），其特点如下：

表 5-8　恩施州层级财政收入结构

年份	地域财政收入（万元）	州直财政收入（万元）	州直财政收入占地域财政收入比重	县（市）财政收入（万元）	县（市）财政收入占地域财政收入比重
2000	106036	4846	0.05	101190	0.95
2001	98090	5834	0.06	92256	0.94
2002	104234	6511	0.06	97723	0.94
2003	109501	7130	0.07	102371	0.93
2004	165150	20153	0.12	144997	0.88
2005	215478	44197	0.21	171281	0.79
2006	270473	62110	0.23	208363	0.77
2007	311148	121764	0.39	189384	0.61
2008	405234	109979	0.27	295255	0.73
2009	474965	145336	0.31	329629	0.69
2010	559626	161397	0.29	398229	0.71
2011	719516	225575	0.31	493941	0.69

（一）民族自治地区财政收入的主体是县（市）级财政收入

从恩施州 2000~2011 年层级财政收入结构看，县（市）财政收入占财政收入大部分，从 2000 年的 101190 万元增长到 2011 年的 493941 万元，年均增长 32.3%。但是县（市）财政收入占恩施州财政收入比重却呈逐渐下降趋势，从 2000 年的 95%下降到 2011年的 69%，下降趋势明显。从县（市）财政收入情况看，财政收入差距较大。以 2008 年为例，恩施州下辖"两市八县"中的恩施市和利川市，财政收入分别为 66468 万元和 66163 万元，而财政收入排名末端的宣恩县和鹤峰县，财政收入当年仅为 9024 万元和 9061 万元。县（市）财政收入差距突出。

（二）州直本级财政收入增长稳定

2000~2011 年，恩施州州直财政收入一直稳定增长，从 2000 年的 4846 万元增长到 2011 年的 225575 万元，增长 46.5 倍。州直财政收入占恩施州财政收入比重从 2000 年的 5%增长到 2011 年的 31%，增长态势明显。

（三）乡镇财政收入先升后降，再缓慢增长

恩施州乡镇财政收入中，绝大多数来源于农业税和农业特产税，工商税收所占比重极低。取消农业税和农业特产税后，乡镇财政收入急剧降低，近年来逐步增长，但增长缓慢。2004 年以前，恩施州大体实行"核定基数、超收分成、短收自负、收支挂钩、自求平衡"的乡镇财政管理体制。乡镇财政体制是严格意义上的一级财政，县级对乡镇的收支不大包大揽，充分调动乡镇聚财理财的积极性，教育、林业、国土、卫生等事权全部下放给乡镇，实行财权与事权的统一。这种体制在一段时期内促进了经济社会的发展，但是由于恩施州乡镇固有局限性而难以为继。加上恩施州是农业大州，基本以农业为主，农业"四税"长期以来所占比重达 80%以上。由于农业的靠"天"吃饭和内外部环境及市场因素左右，乡镇财政收入几起几落，农业税免征后乡镇财政管理体制成了空话。2004 年以后，为了适应变化，恩施州大部分县（市）调整了对乡镇的财政体制。按照"统一领导、分级管理"、"财权与事权相结合"的原则，县（市）对乡镇实行"划分收支、核定基数、环比递减、超收全留、超支不补、一定五年"的财政预算管理体制。县（市）对乡镇实行增人不增支、减人不减支的财政支出管理办法。同时为更好地发挥政府机构的职能作用，相当一部分单位将事权财权收回县（市）统一管辖。事权和财政权削弱，使得乡镇的综合调控能力更加薄弱，一级政府一级财政，在乡镇已名不副实。从2007年开始，为更好促进乡镇发展，恩施州部分县（市）对乡镇实行"乡财县管"的财政管理模式，由县（市）统一规划，培育出多元化支柱产业，增强乡镇财政实力，在条件成熟时，自可形成一级完整的乡镇财政。在这种趋势下，恩施州乡镇财政收入有了一定增长，仅2008年一年，恩施州乡镇实现一般预算收入40817万元，同比增长12916万元，增长46%。

（四）就财政收入来源看

恩施州层级财政收入来源，对于乡镇来说，收入的增长主要来源于主体税种，尤其是烟叶税上涨最为明显。2008年，恩施州烟叶税拉动一般预算收入增长28.6个百分点。由于烟叶税的强势回归，工商税收与农业税收的比重发生了变化，2007年工商税收与农业税收占一般预算收入比重分别为55.8%和41.8%，到2008年，这一比重分别为51.1%和47.3%。工商税收比重下降了4.7个百分点，农业税收上升了5.5个百分点。不过从总体上看，这一变化趋势是短暂的，工商税收增长是持续稳定的，而烟叶税受自然条件、市场变化等多种因素影响而起伏波动较大。

对于州直和县（市）财产收入总量构成来看，税收收入是恩施州财政收入的主要来源。在税收收入中，流转税仍然是恩施州主体税种。营业税、增值税、城建税、烟叶税和企业所得税是县（市）级和州直财政收入的主要来源。2008年五大税种占县（市）财政收入分别为27.67%、16.24%、15.98%、15.96、5.27%，占州直财政收入分别为38.65%、16.24%、14.88%、13.17%、6.12%。

第三节 影响恩施州财政收入因素

民族自治地区财政收入，总体上受经济发展水平的制约，经济发展水平是决定其财政收入规模大小的主要因素。此外，民族自治地区财政收入还受到产业结构、财政层级结构、城镇化等因素影响。

（一）模型的设定

财政收入能力指的是政府为提供公共服务而获得收入的能力，民族自治地区财政能力指民族自治地区自治机关按照财政管理体制的规定，在一定时期内为满足民族自治地区提供公共服务需要而取得财政收入的能力。在进行分析时，我们采用民族自治地区地域人均财政收入表示。建立如下模型：

$$RRC_i = \alpha + \beta_1 I_{1i} + \beta_2 I_{2i} + \beta_3 I_{3i} + \beta_4 R_i + \beta_5 P_i + \beta_6 E_i + \mu \qquad (5-9)$$

式中，RRC_i 表示恩施州地域人均财政收入增长率，I_{1i} 表示第一产业增加值增长率，I_{2i} 表示第二产业增加值增长率，I_{3i} 表示第三产业增加值增长率，R_i 表示农业人口所占比率，P_i 表示就业人口增长率，E_i 表示财政自给率。I_{1i}、I_{2i}、I_{3i} 分别表示三个产业增加值增长率，反映的是各产业对恩施州财政收入的影响。农业人口比率反映的是城镇化和现代化程度，就业人口即劳动力直接反映地方经济发展。财政自给率反映的是地方财政能力的大小。

（二）计量结果

根据恩施州 1983~2011 年财政收入有关数据，得如下结果：

$$RRC_i = 1.4884 + 0.2227I_{1i} + 0.4571I_{2i} + 0.3723I_{3i} - 1.7810R_i$$
$$+ 0.1703P_i + 0.0045E_i$$

(0.8873)　(1.5343)　(1.8572)　(0.5166)　(−0.5749)

(0.6138)　　(0.0179)

$R^2 = 0.9578$，$DW = 1.72$，$F = 203.3$

（1）恩施州财政收入增长与第一、第二、第三产业增加值显著相关且系数为正，说明三产业的发展带来财政收入增加。其中第二产业对财政收入贡献最大，第三产业次之，第一产业最低。

（2）恩施州财政收入与农业人口增长负相关，说明农业人口增加并不能带来财政收入的增长，说明城市化的提高有利于增加财政收入。

（3）恩施州财政收入与就业人口正相关，说明随着就业人员的增加，财政收入相应增长。

（4）恩施州财政收入与财政自给率正相关，说明财政自给率的下降，财政收入也随之下降，财政能力有所减弱。

（三）民族自治地区财政收入影响因素分析

1. 经济发展水平直接决定财政收入

经济稳定发展促进财政收入持续增长，经济发展水平是决定民族自治地区财政收入规模大小的主要因素。经济发展，尤其是与财政收入关联大的工业增加值、城镇固定资产投资总额、社会消费品零售总额和企业利润等各项主要经济指标的增长，直接带来财政收入的增加。恩施州财政收入的主体是税收收入，上述经济指标的增长，直接带动流转税、企业所得税等主体税种收入快速增长，进而推动财政收入的增长。恩施州财政收入中绝大部分来自于县（市）财政，但是县（市）基础薄弱，因此恩施州整体财政收入规模偏小。

2. 产业结构对民族自治地区财政收入的影响

民族自治地区独特的产业结构影响了财政收入结构，从前面分析看出，恩施州财政收入中产业结构的构成分别为第二产业、第三产业和第一产业。第一产业提供的财政收入逐年下降，第二、第三产业提供的财政收入稳定上升。恩施州产业构成的顺序为第三产业、第二产业、第一产业，但三产业提供的财政收入顺序则是第二产业、第三产业、第一产业。第三产业比重在 2011 年超过第二产业，但是第二产业提供的财政收入仍占大部分，尽管恩施州经济不发达，工业化程度低。在第二产业中，财政收入主要集中在几大支柱产业：以烟、茶、畜、果、药、菜为主的六大农业特色产业；以电力、卷烟、药化、富硒绿色食品、建材为主的五大支柱产业；以旅游业为重点的第三产业。这些支柱产业中，特色农业甚至旅游业均易受自然气候影响，必然加大财政收入增长的波动性。

3. 财政体制改革对民族自治地区财政收入的影响

恩施州财政收入的大幅度波动，均与历次财政体制改革及相关政策有关。恩施州成立以来，第一次财政收入的大波动出现在1994 年。1993 年恩施州一般预算收入为 41410 万元，1994 年仅为19042 万元，下降了 54%。"一刀切"的财政管理体制改革，使得民族自治地区财政收入大幅度减少，随着财政体制改革的深入，上级政府不断增加转移支付，反而使得民族自治地区地方政府减少了发展本地经济、配置财源的积极性。2011 年恩施州财政收入与2000 年持平，2002 年比 2001 年降低 10%，这是国家实行以所得税优惠为主的西部大开发税收优惠政策，对恩施州财政收入带来的波动。2005 年恩施州财政收入仅增长 6%，主要原因在于全面取消农业税带来当年财政收入增长有限。

4. 财政收入增长的波动取决于财政收入的来源

恩施州财政收入虽然稳定增长，但是结构性矛盾比较突出，集中在财政收入来源上。恩施州目前财政收入集中在农业特色产业和五大支柱产业及旅游业方面，在众多支出产业中，卷烟行业提供的财政收入独领风骚。卷烟行业是恩施州的传统支柱产业，以 2007

年为例，当年卷烟行业提供的税收占支柱产业提供税收总和的70.6%。从财政收入上看，2007 年，卷烟提供税收 138389 万元，占当年财政收入的 44.5%。卷烟提供的税收增量占财政总收入增量的 62.6%，拉动全州财政收入增长 30.5%。从一般预算收入看，2007 年，卷烟提供一般预算收入 297000 万元，占当年一般预算收入的 22.8%。卷烟提供的一般预算税收增量占一般预算总增量的31.8%，拉动一般预算收入增长 9.6%。因此，卷烟税收直接关系和影响恩施州经济和社会发展。但是卷烟行业容易受政策性影响，税收波动幅度较大。可以说恩施州财政收入增长的波动主要取决于卷烟政策的影响。

5. 基层财政贫困和财政赤字极为严重

民族自治地区的基层财政（县、乡两级）贫困和财政赤字已经成为目前民族自治地区经济中的突出问题，成为严重制约和影响少数民族自治地区经济发展和社会稳定的重要潜在隐患。基层财政收支矛盾突出，县乡财政收入规模小，支出规模大，支出部分中大部分用于财政供养人员，可用财力少，收入不仅质量不高，而且增幅普遍低于财政支出，加上各种法定支出项目以及硬性增支政策带来的支出压力，使其财政贫困到了举债度日的境地，形成了严重的财政赤字和债务。

以 2010 年为例，2010 年恩施州下辖 8 县市人均财政收入如表5-9 所示。

表5-9　2010 年恩施州各县（市）人均财政收入

县市	恩施	利川	建始	巴东	来凤	咸丰	宣恩	鹤峰
人均财政收入（元）	1008.70	1268.29	1473.02	1041.31	1320.11	921.58	467.25	860.18

2010 年全国人均财政收入为 6062.02 元，恩施州各县市人均财政收入远远低于全国平均水平，也远远低于湖北省 2010 年人均财

政收入 3107.09 元。2010 年恩施州 8 县市人均财政收入最高的建始，人均财政收入为 1473.02 元，最低的宣恩，人均财政收入仅为 467.25 元。即使将上级转移支付纳入财政总收入，人均财政收入略持平于湖北省人均水平，如表 5-10 所示，但仍然低于全国平均水平。

表 5-10　2010 年恩施州各县（市）纳入上级转移支付的人均财政收入

县市	恩施	利川	建始	巴东	来风	咸丰	宣恩	鹤峰
人均财政收入（元）	2687.87	3209.80	3860.09	3495.38	4615.59	3524.89	2841.88	4420.61

乡镇财政收入，以 2003 年为例，建始县业州镇财政总收入为 1848 万元，当年排列恩施州乡镇财政总收入第一位。人均财政收入为 174 元，人均一般预算收入仅为 94 元。而人均一般预算收入排第一位的是恩施市的小渡船镇，为 111 元，财政总收入为 1701 万元，人均财政收入为 578 元。而当年全国人均财政收入为 1586 元，湖北省人均财政收入为 1129 元。2007 年，全州乡镇实现一般预算收入为 27901 万元，同比增长 2237 万元，增长 8.7%。实现一般预算支出 76601 万元，同比增长 18273 万元，增长 31.3%。当年全州乡镇历年累计赤字为 1526 万元，88 个乡镇中有 21 个赤字县，占总数的 23.8%。

第六章　恩施州财政健康状况

　　财政运行主要是通过衡量财政收支状况来进行分析，通过一般预算收入与财政支出的比值即财政自给率来衡量，反映的是财政收入满足支出需要的程度。在计算财政自给率时，财政收入和财政支出采用的均是当年的实际值，不能准确地反映地方实际的财政收入汲取能力和实际的公共服务需要。

　　Ladd 和 Yinger 在 1991 年分析美国 70 个中心城市的财政运行状况时，采用了财政健康这一指标体系。王德祥、李建军（2008），李建军、谢欣（2011）运用美国衡量财政健康的方法，在"省管县"、财政分权下，通过对财政健康指标的修正，对湖北省 52 个县市的财政健康进行了分析。借用前述已有的研究，以财政收支状况为准，通过财政健康指标从总体上对恩施州财政运行状况进行分析。

第一节　恩施州财政健康的衡量指标

一、财政健康的理解

　　财政健康指的是财政收入能力与基本公共服务提供能力之间的总体平衡状况。用财政收入和财政支出来衡量恩施州财政健康时，必须充分考虑恩施州的特殊情况及照顾性财政政策等因素。财政健康可以用百分比来表示，等于财政收入能力与财政支出需要之差和财政收入能力的比值。即：

$$FH = (RC - q \cdot SN)/RC = 1 - q \cdot SN/RC \tag{6-1}$$

式中，FH 表示财政健康，RC 表示财政收入能力，SN 表示服务支出需要，q 表示基准服务质量，也可以是基准因子，即平均财政健康的 FH = 0，选定 1993 年的财政健康为 q，因为当年恩施州财政自给率为 0.72，为建州以来最高值。其余各期财政健康值以1993 年为基准可比，同时也能反映分税制实行前后对恩施州财政健康的影响。可以看出，财政健康实际上是某财政年度财政收入满足财政支出需要的财政能力的大小。若 FH 大于 0，说明财政收入满足支出后，还有 FH 的能力剩余；反之小于 0，说明财政能力不足，需要获得外来资源才能满足支出需要。

对于恩施州而言，分析财政健康时必须引入民族特殊性，即在上式的 RC 和 SN 变量中引入民族特性。财政收入能力可以用人均收入 Y 与财政负担率（或税负）K 的乘积来表示；财政支出需要SN 用财政支出责任 SR_i 与公共服务成本 CI_i 的乘积表示。考虑到恩施州实际情况，把公共服务分成三类，基本公共服务（含扶贫、道路交通、公共卫生、义务教育、病虫害防治等）、农村公共服务（含农业支出、农业综合开发、农村水利等）、一般管理服务（含行政管理、教育、社会保障、环境保护等）。于是有：

$$RC = K \cdot Y \tag{6-2}$$

式中，Y 表示人均收入，反映的是对地方财政收入能力的影响；K 表示税负，即财政负担率，反映财政管理体制对财政收入能力的影响。

$$SN = \sum (SR_i \cdot CI_i) \quad i = 1, 2, 3 \tag{6-3}$$

将式（6-2）和式（6-3）代入式（6-1），得：

$$FH = (RC - q \cdot SN)/RC \times 100\%$$

$$= [K \cdot Y - q \cdot \sum (SR_i \cdot CI_i)]/(K \cdot Y) \times 100\% \quad i = 1, 2, 3$$

$$(6-4)$$

式（6-4）作为分析恩施州财政运行状况的基本模型，既反映了恩施州财政健康状况，又反映了恩施州的特殊性对恩施州财政运行的影响。

财政健康按照顾性财政政策变化对财政运行的影响分为标准财政健康和实际财政健康。

标准财政健康是在中央对恩施州照顾性财政政策不变的情况下的财政健康指数，也就是分税制前的照顾性财政政策下所计算的财政健康指数。标准的衡量按基准年即 1993 年的标准保持恒定，各年的财政负担率和支出责任固定不变，即固定在改革前基准年的水平，在照顾性财政政策下计算出的财政健康指数可以用下式表示：

$$FH_1 = (RC_1 - q_1 \cdot SN_1)/RC_1 \times 100\%$$

$$= [K_1 \cdot Y - q_1 \cdot \sum (SR_{i1} \cdot CI_i)]/(K_1 \cdot Y) \times 100\% \quad (6-5)$$

式中，FH_1 表示标准财政健康，用标准财政能力 RC_1 和标准财政支出 SN_1 以及基准服务质量表示；K_1 表示基准年财政的负担率，SR_{i1} 表示基准年第 $i(i=1, 2, 3)$ 类公共服务的支出责任，以人均支出计算；CI_i 表示各类公共服务成本。标准财政健康反映了按标准收入取得的财政收入汲取能力与提供地方公共服务的财政支出之间的平衡状况，也反映了在照顾性财政政策下恩施州的社会经济发展基础和环境改善状况。

实际财政健康是指分税制实行后，即恩施州在照顾性财政政策取消前后，其财政负担率和支出责任根据各年实际情况进行调整计算出的财政健康指数，反映了财政管理体制改革和照顾性财政政策取消后对恩施州财政运行的影响。实际财政健康用下式表示：

$$FH_2 = (RC_2 - q_2 \cdot SN_2)/RC_2 \times 100\%$$

$$= [K_2 \cdot Y - q_2 \cdot \sum (SR_{i2} \cdot CI_i)]/(K_2 \cdot Y) \times 100\% \tag{6-6}$$

式中，K_2 表示各年财政负担率的平均值，用人均财政收入与人均收入的比值表示，用以衡量财政收入标准；SR_{i2} 表示各类公共服务的支出责任，以人均财政支出占人均支出的比值表示。

实际财政健康反映了恩施州由于分税制的实行和照顾性财政政策取消后，恩施州按平均财政收入水平和本地经济发展水平取得的财政收入汲取能力与提供具有基准服务质量和平均支出水平的公共服务之间的平衡状况。$FH_2 > 0$，说明具有满足平均财政支出需要的财政能力；FH_2 若大于 1993 年的值，说明分税制的实行及照顾性财政政策取消后，财政健康有了进一步改善。

二、财政健康指标选择

财政健康反映的是财政收入汲取能力与基本公共服务提供之间的总体平衡关系，因此，首先假定不同类别公共服务的提供责任是一致的，即均等化的基本公共服务。选择财政收入汲取能力、基本公共服务供给能力作为衡量财政健康指标。

(一) 财政收入汲取能力

财政收入汲取能力指的是在现行财政管理体制下获得的提供基本公共服务需要的财政收入的能力。财政收入汲取能力可以表示为：

$$RC_i = kY_i \tag{6-7}$$

式中，RC_i 表示 i 期财政收入汲取能力；Y_i 表示人均 GDP，表示财政收入来源；k 表示平均财政收入率，在现行财政管理体制和征管水平下，反映取得财政收入的能力。

(二) 基本公共服务供给能力

公共服务的提供具有自身的民族特性，但是对于基本公共服务而言，在恩施州内部是相同的，自治机关向本地区、本民族提供基本公共服务的标准和数量应该是同质的。基本公共服务供给能力可表示为：

$$SN_i = \sum_{j=1}^{3}(SR_{ij} \cdot CI_{ij}) \tag{6-8}$$

式中，SR_{ij} 表示第 i 年第 j 类公共服务支出责任，用恩施州第 j 类（j = 1，2，3，分别表示基本公共服务、农村公共服务和一般管理服务）人均支出来表示；CI_{ij} 表示公共服务成本，反映基本公共服务提供中投入成本及民族特性形成的不同财政支出需要。

基本公共服务供给能力主要受人口、价格等因素影响，还受到恩施州民族特性的影响。因此，基本公共服务的提供除了受成本影响外，还要考虑基本公共服务的提供对生产成本具有乘数效应，以及恩施州特殊的民族构成、自然环境等因素对基本公共服务提供成本的指数影响。

因此，用 P_i 表示投入价格指数，用 $\Phi(X_{1i}, X_{2i}, \cdots, X_{ni})$ 表示各种民族特性对公共服务供给能力的影响，则单位公共服务的提供成本 C_i 可以表示如下：

$$C_i = P_i \cdot \Phi(X_{1i}, X_{2i}, \cdots, X_{ni}) = P_i \cdot (X_{1i})^{\alpha_1} \cdot (X_{2i})^{\alpha_2} \cdots (X_{ni})^{\alpha_n} \tag{6-9}$$

通过式（6-9）可以求出 CI_i（i = 1，2，3），即可以得到公共服务提供成本指数。

居民对基本公共服务的需求函数通常用弹性方式表示如下：

$$s = ky^a(tp)^b \tag{6-10}$$

式中，k，a，b 为常数，s 表示居民对基本公共服务的需求，y 表示居民收入，tp 表示居民为得到公共服务 s 愿意付出的成本。因此，对于恩施州公共服务的需求，由于主要受当地经济发展高低和公共服务供给成本的影响，可以表示如下：

$$S = kY^\alpha C^\beta \tag{6-11}$$

式中，S 表示公共服务需求量，Y 表示人均 GDP，C 表示人均公共服务提供成本，α、β 分别表示公共服务需求的经济发展弹性和价格弹性。人均公共服务期望支出水平用 Q 表示，得：

$$Q = SC \tag{6-12}$$

式（6-12）指人均需求的基本公共服务支出标准，等于基本公共服务需求与公共服务供给成本的乘积。即：

$$Q_i = S_i C_i = kY_i^{\alpha} C_i^{\beta+1} \tag{6-13}$$

由于制度等影响财政支出，为反映制度约束和支出的惯性，引入滞后调整假设：

$$Q_i^*/(Q_{i-1}^*) = (\frac{Q_i}{Q_{i-1}})^{\gamma} \tag{6-14}$$

式中，Q_i 表示人均公共服务期望支出水平，Q_i^* 表示第 i 年人均公共服务实际支出。将式（6-9）和式（6-13）代入式（6-14）并取对数，建立模型如下：

$$LnQ_i^* = \gamma Lnk + \gamma \alpha LnY_i + (1+\beta)Lna_1X_{1i} + \cdots + \gamma(1+\beta)a_nLnX_{ni} +$$
$$(1-\gamma)LnQ_{i-1}^* + \mu_i + \varepsilon_i \tag{6-15}$$

式（6-15）为非线性模型，为了能对三种公共服务数据进行回归，对其进行替换，将其转化为如下模型：

$$lq_i = \Phi + \zeta ly_i + \rho li_i + A_1 lx_{1i} + \cdots + A_n lx_{ni} + \pi lq_{i-1} + \mu_i + \varepsilon_i$$

对上式线性模型进行回归，可以求出相应参数，并计算出三类公共服务的参数 a_1，a_2，$\cdots$，a_n 的值，同时计算出基本公共服务、农村公共服务和一般管理服务的成本。

第二节　恩施州财政健康估计

根据《恩施州统计年鉴》和《恩施州财政经济运行情况蓝皮书》的有关统计数据，以 1993 年为基准年，对恩施州经济健康与财政健康估算如下：

一、经济健康状况

（一）人均收入

恩施州人均收入根据城乡居民人均收入分别计算，计算结果如图 6-1 所示。

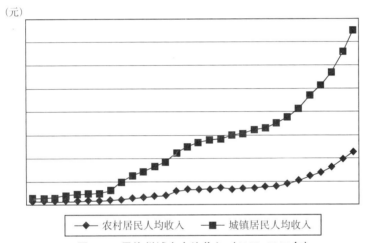

（元）

农村居民人均收入　■ 城镇居民人均收入

图 6-1　恩施州城乡人均收入（1983~2015 年）

数据来源：根据 1983~2015 年的《恩施州统计年鉴》整理得出。

计算表明，恩施州人均收入增长稳定，农村居民人均收入从 1983 年的 265 元增长到 2015 年的 4571 元。城镇居民人均收入从 1983 年的 564 元增长到 2012 年的 15058 元。但城镇居民人均收入与农村居民人均收入差距较大，而且随着社会的发展，收入差距在逐渐拉大。

（二）就业率

恩施州就业率以从业人员与总人口的比值计算。计算结果表明，1983~2015 年，恩施州平均就业率在 30 年内增长缓慢，期间还有大幅度下降状况。恩施州就业状况如图 6-2 所示。

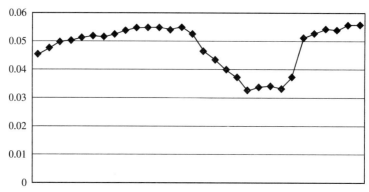

图 6-2　恩施州就业率（1983~2015 年）

数据来源：根据 1983~2015 年的《恩施州统计年鉴》整理得出。

恩施州就业率变化，说明恩施州经济社会发展对就业影响不明显。从业人员的变化，主要在于城镇就业人员。对于占人口绝大多数的农村居民来说，并没有因为经济的发展而成为城镇居民，就业机会并没有增加。

（三）产业结构

对于恩施州产业结构，用三产业增加值来表示。1983~2015年，恩施州产业结构变动过程明显加速，产业结构变动调整合理。就产业增加值而言，恩施州第一产业基本呈稳步下降趋势，第二产业稳步上升，第三产业近期快速发展。恩施州三次产业结构状况如图 6-3 所示。

恩施州第一产业所占比重明显呈下降趋势，从最高的 1983 年的 57%下降到 2015 年的 21.4%，下降趋势明显，但所占比例仍然偏高，农业经济特征明显。第一产业比重下降，说明农业结构单一的局面被打破，农业结构有所调整。从具体上看，农、林、牧、渔产值在农业总产值中的比例关系进一步得到调整，即农业、林业比重下降，牧业比重上升，渔业比重保持稳定，全州基本形成了以烟叶、茶叶、畜牧、林果、药材、特色蔬菜为主的六大农业特色产业。恩施州第二产业占 GDP 的比重由 1983 年的 21%上升到 2012

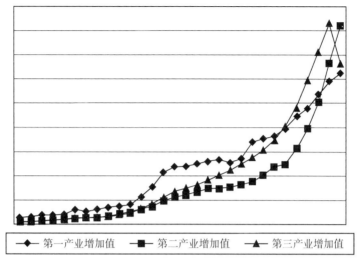

图 6-3　恩施州产业结构增加值（1983~2015 年）

数据来源：根据 1983~2015 年的《恩施州统计年鉴》整理得出。

年的 38.5%，但上升缓慢，且起伏不定。恩施州第二产业占 GDP
比重缓慢增长且在 2011 年首次超过第一产业占 GDP 比重，说明工
业内部结构的逐步调整，以卷烟、电力、药化、富硒绿色食品、建
材为主的五大支柱产业逐渐壮大。恩施州第三产业占 GDP 比重由
1983 年的 22% 上升到 2012 年的 43%，增长较快。2008 年恩施州
第三产业占 GDP 比重首次超过第一产业占 GDP 比重，在三次产业
占 GDP 比重中最高，其中 2010 年为 41%。自 1994 年开始，第三
产业占 GDP 比重就高于第二产业占 GDP 比重。

　　总的说来，恩施州建立以来，经济处于稳定、健康发展状态，
财政体制改革前后，除了就业率变化外，经济发展和产业结构调整
运行良好，为财政的稳定和健康发展奠定了基础。

二、财政健康测算及结果

　　在测算恩施州财政健康数据时，首先利用式（6-7）计算出恩
施州财政收入汲取能力。再用各类公共服务人均支出来确定各类公

共服务的服务责任，其中基本公共服务以扶贫、道路交通、公共卫生、义务教育、病虫害防治来表示，农村公共服务以农业支出、农业综合开发和农村水利表示，一般管理服务以教育、社会保障、环境保护等表示。同时，根据恩施州实际情况，计算三类公共服务的服务责任和相应成本指数（见图 6-4）。利用式（6-15）公共服务回归结果，可求得式（6-9）中的各自成本函数的参数值，用式（6-8）可测算出各时期的公共支出需要，最后，根据式（6-1）可计算出表 6-1 所示的恩施州的财政健康指数。

表 6-1　公共服务成本函数的价格和制度环境因素

指标		变量说明
基本公共服务	价格指数	以平均工资指数反映公共服务投入价格水平
	扶贫	基本公共服务的最大需求
	道路交通	居住分散，组织成本和生产成本不同
	公共卫生	保障生存和发展的根本
	义务教育	可持续发展的需求
	病虫害防治	具有民族特性的需求
农村公共服务	价格指数	以平均工资指数反映公共服务投入价格水平
	农业支出	占总人口绝大多数，生产成本高
	农业综合开发	经济发展问题
	农村水利	地理环境、生产的需要
一般管理服务	价格指数	以平均工资指数反映公共服务投入价格水平
	教育	民族素质的提高
	社会保障	涉及地方特性
	环境保护	不同的地理环境，成本差异大

图 6-4 表示恩施州 1983~2015 年财政健康指数。从图中可以看出，恩施州财政健康指数从建州以来一直为负，说明恩施州财政收入汲取能力不能很好地满足财政支出的需要。就财政健康变化而言，1983~1993 年恩施州财政健康指数在逐渐提高，意味着恩施州

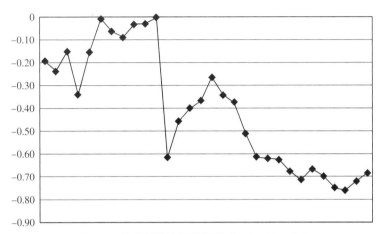

图 6-4　恩施州财政健康指数（1983~2015 年）

财政收入汲取能力在国家照顾性财政政策下逐渐增强。但随着财政体制改革，分税制的实施，恩施州财政健康指数快速下降，说明公共服务的需求远远超过财政收入汲取能力。2004~2006 年，李建军、谢欣对湖北省 52 个县市财政健康进行分析，得出平均财政健康指数分别为-5.9%、-3.3%和 2.76%，远远高于恩施州同期水平。

第三节　恩施州财政健康状况分析

一、财政健康状况

（一）标准财政健康

1. 标准财政能力

根据 $RC_i = kY_i$ 计算出恩施州 1983~2012 年标准财政能力，其中 Y_i 表示各年的居民人均收入，标准财政负担率 k 用基准年即 1993 年的人均财政负担率的值（人均预算收入与人均收入的比值）计算，1993 年恩施州人均预算收入为 112.4966 元，人均收入为 1781 元，得 k = 0.0632。1983~2012 年标准财政能力如图 6-5 所示。

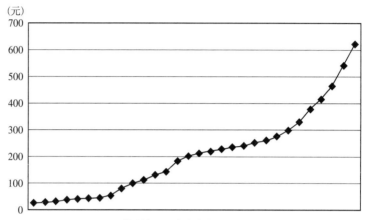

图 6-5　恩施州标准财政能力（1983~2015 年）

结果表明，恩施州标准财政能力在 1994 年分税制改革后得到提升，标准财政能力从 1983 年的 26 元提高到 2015 年的 620 元。但是从增长幅度看，1983~1993 年，标准财政能力年均增幅为 30.42%，而 1994~2012 年标准财政能力年均增幅为 19.65%。说明分税制实行后，恩施州标准财政能力开始减弱。而按照王德祥、李建军（2008）对湖北省 52 个县市在“省管县”后的分析，2003~2006 年人均财政负担率的平均值 k = 0.1043，远远高于恩施州。

2. 标准支出需要

标准支出需要即 $SN = \sum (SR_i \cdot CI_i)$ 可看作是一种加权平均支出，以各类公共服务的人均支出与提供各类公共服务的成本的乘积来表示。利用这两类指标可以计算出标准支出需要。

（1）支出责任。各类公共服务的支出责任 SR_i，用各类人均支出来表示，其中 i = 1，2，3，分别代表三类公共服务，根据基准期 1993 年恩施州这三类公共服务人均支出的平均值计算。计算出：

SR_1（基本公共服务）= 18.17 元；SR_2（农村公共服务）= 8.68 元，SR_3（一般管理服务）= 12.04 元。

（2）各类公共服务成本。对于各类公共服务的成本，可以用式（6-9）求得，其中公共服务投入的价格和制度环境变量根据服务类型来筛选，如表 6-2 所示。

表 6-2 三类基本公共服务支出回归结果

基本公共服务：人均基本公共支出		
变量	系数	T 统计
常数项	−5.348766	−11.51229
人均 GDP	0.214842	2.870173
价格指数	0.035953	−0.727609
扶贫	−0.117463	−2.025135
道路交通	0.603745	3.859980
公共卫生	0.072195	1.289091
病虫害防治	−0.183224	−3.040409
因变量滞后项	0.5684226	12.332564
民族特殊性变量	0.0132548	2.3564972
$R^2 = 0.994644$	F = 583.5949	P 值均趋于 0
农村公共服务：人均基本公共支出		
变量	系数	T 统计
常数项	−5.135683	−8.457307
人均 GDP	0.334754	3.959962
价格指数	0.049534	−0.727609
农业支出	0.215022	1.936884
农村综合支出	0.712227	2.269448
农林水支出	0.100448	0.595324
因变量滞后项	0.752164	14.35982
民族特殊性变量	0.024587	0.984156
$R^2 = 0.987461$	F = 378.0083	P 值均趋于 0

一般管理服务：人均基本公共支出		
变量	系数	T统计
常数项	−3.320120	−4.071514
人均GDP	0.598102	4.890109
价格指数	0.015098	0.201298
教育支出	0.450143	3.372416
社会保障支出	0.063172	0.630426
环保支出	−0.020485	−0.233413
因变量滞后项	0.689521	16.25784
民族特殊性变量	0.065847	2.658103
$R^2 = 0.987895$	F = 391.7296	P值均趋于0

单位公共服务成本参数 α 可以运用回归分析来确定。各类公共服务支出和成本因素的统计数据用式（6-15）进行回归。

将从三个回归方程得到的各类公共服务成本函数参数 α 代入式（6-9），计算出各类公共服务的单位成本 C，再将 C 除以三类公共服务单位成本的平均值，可以得到各年的单位成本指数如图 6-6 所示。

从图 6-6 可以看出，恩施州公共服务提供的平均成本增加，截至 2015 年，基本公共服务成本增加了 3.76 倍，农村公共服务成本增加了 3.60 倍，一般管理服务成本增加了 3.46 倍。

（3）标准支出需要。根据 $SN_i = \sum_{j=1}^{3}(SR_{ij} \cdot CI_{ij})$ 计算出基本公共服务供给能力即标准支出需要，研究结果表明，恩施州一般公共服务的标准支出需要从 1983 年的 0.2 元增加到 2015 年的 920.7 元；农村公共服务的支出需要从 1983 年的 0.582 元增长到 2015 年的 560.95 元；一般管理服务的支出需要从 1983 年的 2.67 元增长到 2015 年的 513.52 元。

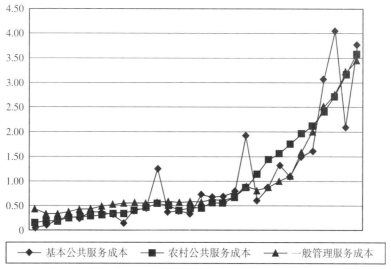

图 6-6 恩施州三类公共服务单位成本指数（1983~2015 年）

3. 标准财政健康

利用标准财政能力与标准支出需要计算出基准服务质量即 $q_1 =$ N/$\sum$（SN/RC$_{ij}$）= 0.0763（i = 1，2，3）。再根据标准财政健康（FH$_1$）公式（6-5）计算出恩施州 1983~2015 年标准财政健康指数，如图 6-7 所示。

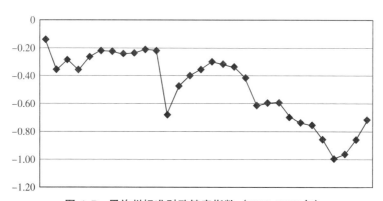

图 6-7 恩施州标准财政健康指数（1983~2015 年）

研究结果表明，恩施州标准财政健康均不理想，其指数一直为负。说明恩施州自建立以来，随着社会经济总体环境的改善并没有带来财政运行的健康发展。财政健康更是自分税制实行后开始恶化，说明现行财政管理体制对恩施州财政运行影响巨大。财政健康恶化的原因在于恩施州财政收入汲取能力有限，而财政支出需求增长过快。

三个回归结果方程拟合度较高，F 值较大，P 值均趋于 0，方程显著。

（二）实际财政健康

1. 实际财政能力

实际财政能力用 $RC_i = kY_i$ 计算，为区别于标准财政能力，实际财政能力公式用 $RC_2 = k_2Y$ 代替。其中，k_2 表示恩施州 1983~2015 年的实际财政负担率，用人均可支配收入占人均收入的比值表示，反映了分税制改革对恩施州财政收入的影响。恩施州 1983~2015 年财政负担率如图 6-8 所示。

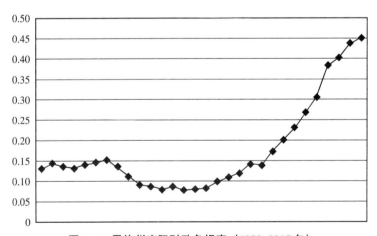

图 6-8　恩施州实际财政负担率（1983~2015 年）

从图 6-10 可以看出，恩施州实际财政负担率在 1983~2015 年经历了先降后升的变化，尤其是分税制实行后，恩施州实际财政负担率不断提高。说明分税制实行后，中央和湖北省加大了对恩施州转移支付力度，使得恩施州实际财政能力得到提高。

2. 实际支出需要

（1）实际支出责任。恩施州实际支出责任按各类别的人均服务支出的平均值计算，具体计算结果如图 6-9 所示。实际支出责任反映的是分税制对恩施州财政支出的影响。

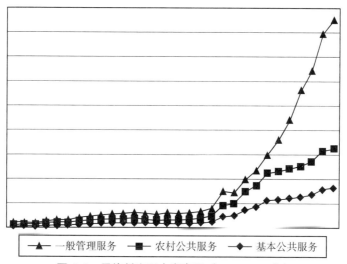

图 6-9　恩施州实际支出责任（1983~2015 年）

从图 6-9 可以看出，分税制改革对恩施州财政支出影响较大。从 2000 年后基本公共服务、农村公共服务和一般管理服务的人均支出增长较快，其中一般管理服务增长快于其他两类服务，农村公共服务增长快于基本公共服务，说明对于恩施州而言，基本公共服务仍然提供不足。

（2）单位成本。公共服务的单位成本与标准财政健康分析的成本相同。同样用式（6-9）求得恩施州 1983~2015 年的单位成本指数，即将求得的各类服务的单位成本除以本年各类服务的平均成本，如图 6-10 所示。

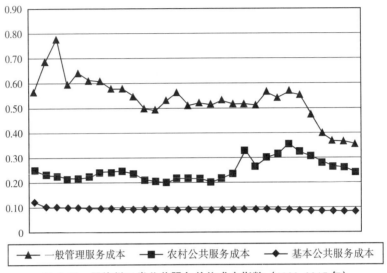

图 6-10　恩施州三类公共服务单位成本指数（1983~2015 年）

单位成本增长指数是将各类公共服务的单位成本除以本年度各类服务的平均成本所得。从图 6-10 可以看出，恩施州三类公共服务的成本指数变化不一。其中，基本公共服务的成本指数基本保持不变，但是有极缓慢的下降；农村公共服务成本指数呈缓慢上升趋势；一般管理服务成本指数下降。

（3）实际支出需要。实际支出需要根据式 $SN = \sum (SR_i \cdot CI_i)$ 计算，从研究结果看，基本公共服务支出责任从 1983 年的 0.3 元增加到 2015 年的 367.5 元；农村公共服务从 1983 年的 0.33 元增加到 2015 年的 127.7 元；一般管理服务从 1983 年的 1.93 元增加到 2015 年的 277 元。三类公共服务中，农村公共服务增长较慢，基本公共服务支出增长最快。

3. 实际财政健康

利用实际财政能力与实际支出需要计算出基准服务质量即 $q_2 = N/\sum (SN_i/RC_{ij}) = 0.0784 (i = 1，2，3)$。再根据实际财政健康 (FH_2) 计算出恩施州 1983~2012 年实际财政健康指数，如图 6-11 所示。

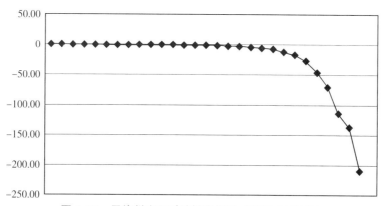

图 6-11 恩施州实际财政健康指数（1983~2015 年）

研究结果表明，1983~2015 年恩施州实际财政健康指数除了 1983 年为正外，其余年份均为负数，表明恩施州自建立以来，其财政运行状况一直在恶化。尤其是分税制实行后，恩施州财政健康指数下降明显，说明财政体制改革对恩施州财政运行影响巨大。分税制的实行没有考虑恩施州实际情况，"大一统"的收入权限减少了地方自有财政收入的增长，降低了地方培植财源的积极性，恩施州财政支出严重依赖中央和上级政府的转移支付。作为农业大州，恩施州农业人口占据总人口 80% 以上，第一产业一直是恩施州财政收入的主要来源。农业税取消后，恩施州丧失了财政收入的主要来源。

二、财政健康状况变化的原因

恩施州从建立之日起，其财政健康状况就陷于困境，尤其是在现行财政管理体制下，在划分中央与地方的事权和财权下出现的财政收入无法满足财政支出的需要，使财政运行状况加剧恶化。财政运行困境的解决分为制度内和制度外。制度内解决可以借鉴发达国家，因为其财政管理体制相对成熟，某一特定地方政府的财政收入和财政支出的范围相对规范和确定。当某一地方政府出现财政运行困境时，中央政府和其上级政府一般不会插手，而是由地方政府自己运作，在制度框架内由地方政府自己解决。制度外解决指的是地方政府的财政运行困境是由中央政府的宏观政策实行所引起的，所以中央政府和其上级政府应对此负责，或对其造成的直接损失给予补助，或启动体制协调措施。恩施州财政健康陷于困境的原因主要有：

（一）收入的划分拉大了中央与地方收入增长的不平衡

作为对于利益分配关系做出巨大变革的 1994 年实行的分级分税财政管理体制，改革的初衷要求在保证既得利益的前提下，"利益分配要向中西部地区倾斜"。但是从最终的分配结果看，对于恩施州，除了保留原有的补助和专项拨款等临时性政策外，基本上没有给予照顾性财政政策。在分税制财政管理体制下，地方税收入的划分、共享税的分成比例、税收增长返还系数的确定上，恩施州都与其他省市区同等对待。

"一刀切"的财政管理体制，对恩施州在税种、税率、共享税分成方面没有任何优惠和照顾。把运行具有特殊性的财政纳入"大一统"的财政管理体制中，主体税种划归中央，分散小税种留给地方。不仅如此，共享税中，除了上缴中央财政外，增值税、企业所得税、个人所得税属于地方的部分还由湖北省和恩施州共享，以烟叶为主体收入的烟叶财政也大部分归湖北省。

从增长速度看，以 2008 年为例，尽管当年财政总收入增长了32%，但其中一般预算收入仅增长 18%，而上划中央省级财政收入则增长了 39.1%，一般预算收入的增幅比上划中央省级收入和财政总收入的增幅分别低 21.1 和 12.2 个百分点。这一指标在 2007 年更是低 35.6 和 18.5 个百分点。从一般预算收入和上划中央省级收入占财政总收入的比重看，2006 年为 46∶54，2007 年为 42∶58，2008 年这一比重调整为 38∶62。2009 年，恩施州一般预算收入为 182885 万元，当年上划中央四税为 259031 万元，上划省级四税为 33049 万元，一般预算收入与上划中央省级收入占财政总收入的比重为 39∶61。

2006~2009 年，恩施州一般预算收入与上划中央省级收入的比例开始降低，一般预算收入的绝对数低于地方上划中央和省级的收入。

地方财政的收入增长幅度低于上划给中央和省级收入的增幅，一般预算收入小于上划中央省级收入，使得地方自治机关发展经济、培育财源的积极性大大降低。地方财政支出严重依赖于上级政府的转移支付，除了自治机关不愿意舍弃上级政府的转移支付外，更大的原因在于现行财政管理体制改革忽视了恩施州财政运行的特殊性，没有给予恩施州更优惠的财政政策。

（二）事权与财权的不对等

民族自治地区特殊的地理位置和独特的地质构造，使其承担了大量的外溢性事权和代理性事权等"交叉性事权"。这些事权应该由中央政府承担全部或部分，但是出于政治、经济、地缘及历史上的考虑，中央政府将其全部或部分委托给民族自治地区自治机关代理或干脆不划分。这样的做法使得民族自治地区承担了大量的"交叉性事权"，特殊事权界定不清。现实是中央及各级政府的事权并没有明确的划分，更没有法律的固定。分税制财政管理体制采用全国统一标准，从实现公共服务均等化，完善事权与财权的匹配上来说，对民族自治地区是不公平的。民族自治地区与其他地区在经济社会发展上存在巨大差距，同时还要承担大量的特殊事权，这些事权既有民族自治地区的性质，又具有全国或局部地区性质，在事权不明的情况下，现实的情况是全部由民族自治地区承担。

恩施州自治机关承担的事权中也有大量的"交叉性事权"，如维持社会稳定、保护民族传统、提高民族素质和环境保护方面。这些事权不一定属于恩施州的内部事权，但却全部由恩施州承担。在承担事权过程中，自身基础薄弱、投资条件差，同时财政支出成本较大，自治机关负担加重。有关国家优惠政策带来的财政负担却是由地方承担，地方事权扩大而财权没有作相应的调整。和大多数民族自治地区一样，在分税制实行前的差别财政管理体制，使得恩施州可以根据事权的需要调整相应的财权。分税制实施后，"一刀切"的财政管理体制使得恩施州自有的财政收入大幅度下降。要形成与事权相对应的财力，只有不断向上级和中央申请转移支付和相应的资金。当转移支付远远超过其自身所能拥有的财力的时候，自治机关就会发现，转移支付所需要的成本远远小于其自身筹集收入的成本，于是将精力集中于寻求转移支付和上级的扶持上。这样的举措对于促进恩施州财政自立和健康运行是很不利的。

（三）转移支付不够规范

1994 年财政体制改革，体现在转移支付体制的设计上，以 1994 年地方财政收入为基数确定，照顾了发达地区的既得利益时，忽略了民族自治地区特殊的财政管理体制因素。在税收返还的制度安排上，实际上延续了原体制下的利益分配格局。2002 年所得税收入分享改革，改革的基本原则就是保证地方既得利益，不影响地方财政的平衡预算，所得税基数的返还同样没有考虑民族自治地区的特殊情况。在这种情况下，沿海地带及富裕地区正是经济发展较好、税收增长较快的地区，得到的税收返还额更多。税收返还照顾了富裕地区的既得利益，而不是缩小了贫富差距。

从恩施州看，1994 年财政体制改革后税收返还、一般转移支付及专项转移支付占补助收入的比值，三个比值变化明显。税收返还占补助收入的比重从 1994 年的 60% 下降到 2012 年的 4%，基本可以忽略。一般性转移支付从实行以来，所占上级政府补助比值开始逐步上升。但专项支付实行以来，从 1999 年开始，始终占据上级政府补助的绝大部分。最高时期的 2008 年，占补助收入比重达到 68%。

（四）超越财政收入的可能安排财政支出

民族自治地区在既定收入水平下，财政支出主要用于"养人"与"养事"支出。行政管理费用在财政支出中始终位于前列，近年来有所下降，但下降趋势缓慢，支出的绝对数有增无减。同时，工资水平的提高也增加了"养人"费用的提高，这与前面的分析一致，价格指数带来了财政健康的削弱。不仅如此，官本位，"拍脑门决定"如面子工程、新城区建设等，属于不必要或暂时不必要的支出，同时也挤占了本就有限的财政资源。超越财政收入的可能安排财政支出，同时不合理的财政支出挤占合理财政支出。民族自治地区各民族急需的基本公共服务如交通基础设施、贫困、公共卫生等因为资源的限制、城乡投入的差别而得不到满足。

分级分税财政管理体制改革虽然有效集中了财力，增强了中央宏观调控能力，但是由于税种划分不合理，加上民族地区分享比例过低，使得民族自治地区的一般预算收入增长乏力，其财政收入中有很大一部分属于非即期收入，受政策性、特殊因素影响大。按梁积江的研究，实行分税制之前，民族自治地区财政收支缺口占财政支出的比重 1993 年为 34.5%，实行分税制后，1994 年为 61%，2003 年上升为 97.49%，民族自治地区越来越依靠中央财政的转移支付来平衡缺口。

从图 6-12 可以看出，恩施州财政收入增长率极不稳定，但总体上呈上升趋势。特别是分税制改革前后，1993 年恩施州财政收入为 41410 万元，1994 年恩施州财政收入急剧下降为 19042 万元，1995 年、1996 年分别为 28131 万元、34214 万元，直到 1997 年才恢复到 1993 年水平。2001 年恩施州财政收入又呈下降趋势，主要受以企业所得税优惠为主的西部大开发税收优惠政策的影响，2003年财政收入才回到2001年水平。财政收支缺口占财政支出比重不断攀升，尤其是1994年后，财政体制改革使得地方收入来源受到限制，增长缓慢，而财政支出却在不断攀升，地方政府为了得到更多的中央和上级政府的转移支付，超越财政收入的可能安排财政支出，致使财政收支缺口增大。

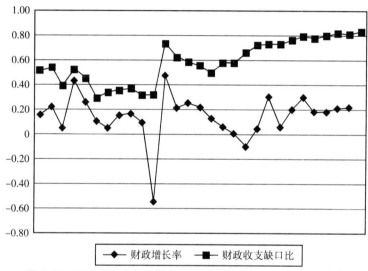

图 6-12　恩施州财政收入增长率和财政缺口比（1983~2015 年）

数据来源：根据1983~2015年的《恩施州统计年鉴》及2002~2012年的《恩施州财政经济运行情况蓝皮书》整理得出。

在分税制财政管理体制实行之前的1993年，恩施州财政自给率达到0.72，为历年最高，分税制改革实行后，恩施州财政自给率逐年下降，到2010年仅为0.17，收支缺口达到1236000万元，财政支出占一般预算收入的比例达到556.6%。恩施州1983年以来，有预算盈余的年份仅为1985年、1997年和1998年。一般预算收入除1994年和2002年呈负增长外，其余年份呈不规律增长状态，极易受政策性影响。1994年和2002年增长下降主要基于税制改革和西部大开发的影响。一般预算收入增长最快的年份为 2003 年和 2007 年，分别增长达 30.3% 和 30.1%，增长的原因主要是高速公路和铁路建设带来的营业税增长。1995 年虽然增长达 47.7%，但是建立在 1994 年负增长基础上的。财政自给率更是由 1993 年的 72% 下降为 2010 年的 17%。可见，恩施州的财政运行困境并没有因为财政体制改革发生变化，反而加重了财政运行困境。

第七章 恩施州财政健康运行的政策建议

第一节 重新审视财政运行的特殊性

一、影响社会稳定和经济发展的特殊因素

从前面的分析可以看出，恩施州财政运行陷于困境，财政健康状况恶化加剧，其原因主要在于财政支出增长过快，财政收入增长缓慢且不稳定。过快的财政支出是基于恩施州特殊的社会经济基础和制度环境，即财政运行带有自己的民族特性。重新审视财政运行的特殊性，应当明确迟滞财政运行的制约性因素。从恩施州实际情况看，影响恩施州社会稳定和经济发展的特殊因素有：

（一）政治因素

民族区域自治制度是我国解决国内民族问题的基本政治制度之一，政治上的稳定是恩施州经济发展和财政良好运行的关键。恩施州地处湖北西南边陲，环境相对封闭，经济基础差，发展起步晚。在中华人民共和国成立后与其他民族建立了新型的社会主义民族关系：平等、团结、协作、融洽。

民族关系尤其是民族外部关系，既可能成为发展的动力，也可

能成为发展的阻力。少数民族由于教育程度低、贫困程度深、生活质量差、生活水平低，很容易受外来势力的影响。当全国经济发展水平较低、居民收入差距不明显，尤其是在国家财政总体偏弱的情况下对恩施州实行特殊照顾，各民族关系处于平稳发展状态。由于经济发展的梯度推进模式，东部和沿海一带因为地理位置和政策因素在经济发展中处于先发地位，而恩施州因为底子薄弱、环境封闭等，地区间发展差距拉大。从现行财政政策看，尽管国家加大了对恩施州的扶持力度，但地区间差距不但没有缩小，反而有进一步拉大趋势。在这种情况下，境外敌对势力为达到分化、西化的目的，挑动民族冲突，采取如宗教渗透等手段扩展势力，严重影响恩施州的政治稳定，进而影响恩施州社会经济发展及财政运行。

（二）自然因素

恩施州自然环境恶劣，各民族大多地处偏远地区，山高坡陡、交通不便、通信闭塞，与外界交流缺乏。居民居住分散，单家独户或几户人家居住山林的情况十分平常。即使是相对集中居住的村寨，也因为交通或通信原因与外界来往很少。虽然地广人稀，但相应的行政管理机构也必须设立，且需要配置一定数量的行政管理人员及相应的文化、教育、卫生等事业设施。这一方面会带来财政供养人员的增加，另一方面带来的是各项事业设施的利用水平低，面临着地处偏远、地形复杂、施工难度大、工程造价高与建设资金短缺、基础设施落后的矛盾。

（三）经济因素

由于历史原因，恩施州经济底子薄、基础差、生产力水平落后，与其他地区存在着事实上的发展差距。特别是在农业生产中，存在相当落后的生产工具及"刀耕火种"、"广种薄收"的耕作方式。贫困问题严重，人畜饮水困难，难以维持一般的再生产。产业结构上，除传统的农业生产外，第二产业不够发达，第三产业发展落后，仅有政府投资倾斜下的优势产业。自我积累能力较差，发展缺乏资金保障。即使有国家的投资政策的倾斜，但资金瓶颈一直没有得到有效改善，资金来源渠道狭窄。引入的发展资金，利用率也相对较低，风险和压力大。

（四）人才因素

地区经济和社会的发展与现代化的人才是分不开的。恩施州人才基本状况是：教育普遍落后、文化水平低、人才严重缺乏。除了客观原因外，主观上与对教育缺乏重视的观念直接相关。对子女的培养，仅仅是对劳动力的培养，而不是对人才的培养。加上教育设施落后，教育人才匮乏及对知识的不重视，造成恩施州科技人才、管理人才、教育人才的严重缺乏。人才素质偏低、构成不合理，加上思想保守、观念落后、改革力度不大等原因，人才问题已经成为阻碍恩施州社会经济发展的重要因素。

二、事权的特殊性

受制于历史、地理和人口分布，恩施州的基本公共服务供给成本相对过高，而提供的效率相对低下。相对于一般的地方公共服务，恩施州公共服务还涉及民族文化保护、语言、社会稳定、宗教、民族团结、生态建设以及贫困面大这些特殊因素，民族特性决定了恩施州的事权具有自身特殊性。

（一）保障生存和生产的基本公共服务需求量大

恩施州各民族大多地处边远偏僻地，自然条件恶劣，地理环境特殊，加上独特的民族因素，使得保障生存和生产的基本公共服务需求量大。这些基本公共服务具体包括扶贫、基础设施建设、公共卫生尤其是农村公共卫生、社会保障等方面。以恩施州扶贫为例，自建州以来，就面临贫困面广和贫困人口多的问题。1986 年，我国开始的大规模扶贫开发行动中，国务院确定的 331 个国家重点扶持的贫困县，恩施州巴东、利川、宣恩、咸丰、鹤峰 5 县（市）列入其中，其余的 3 县（市）恩施、建始、来凤被确定为省定贫困县，其中来凤县被明确为享受国家重点扶持贫困县待遇。1994 年，国务院调整了国家重点扶持的贫困县，恩施州 8 县（市）均列入其中。2001 年，在重新确定的新一轮扶贫开发的 592 个国家扶贫开发重点县，恩施州 8 县（市）仍列其中。同时，在国家新一轮扶贫开发中，恩施州有 1888 个重点贫困村被纳入全国实施"整村推进"计划。"七五"期间，全州有 33 个乡镇被列入全省重点扶持的贫困老区乡镇；"八五"期间，鹤峰、宣恩和咸丰 3 县（市）被确定为省重点扶持老区县，46 个乡镇被列为省重点扶持的贫困老区乡镇；"十五"期间，乡镇体制改革，全州撤并调整后的乡镇共 88 个，其中被省认定的重点扶持的老区乡镇有 39 个。截至 2012 年，恩施州全部 6 县 2 市均被列入国家重点扶贫县市。2012 年，根据国家统计局颁布的 2300 元/年的扶贫标准，恩施州贫困人口为 153.7 万，占全州总人口的 38.12%，为湖北省贫困人口的 1/5 左右。恩施州贫困人口大多居住分散，且散布在条件恶劣的崇山峻岭中，扶贫工作难度大，返贫率高。

（二）自然灾害救济成为常年性支出

恩施州居民大多居住于偏远山区，甚至位于深山中，或高寒地带，自然条件相对恶劣，交通不便，通信闭塞。自然灾害频发，几乎年年有灾。特殊的地理环境和地质条件，决定了自然灾害的预防和救济成为为恩施州自治机关的重要事权。

由于特殊的地质环境和强降水条件，使得恩施州成为一个地质灾害易发多发的地区。恩施州海拔高低悬殊，气象复杂，各种自然灾害发生频繁。到 2005 年，恩施州共有各类大小地质灾害点 2018 处，其中：滑坡 1487 处，占 73.8%；崩塌 355 处，占 17.6%；地面塌陷 104 处，占 5.2%；泥石流 44 处，占 2.2%；地裂缝 28 处，占 1.2%。在上述灾害中，灾害体规模达 1000 万立方米的有 28 处，100~1000 万立方米的有 178 处，小于 10 万立方米的有 1222 处，灾害体总面积达 1.5 亿平方米，灾害体总体积达 19.6 亿立方米。而且，这些地质灾害点 90% 处于不稳定状态，威胁 13.6 万人的生命安全和 24.3 万人的财产安全。自 2006 年起，恩施州共确定省、州、县三级 106 个监测点，其中省级 5 个，州级 10 个，县级 91 个。特殊的地理位置和独特的地质构成，使得恩施州成为自然灾害频发地区，全州几乎年年有灾，只分灾害大小、受灾轻重而已。而自然灾害程度又没有达到国家规定的人员和财产损失标准，在大多数情况下，恩施州只能自己来解决灾害救济问题。自然灾害救济成为恩施州自治机关特殊事权的重要组成部分，其支出成为恩施州常年性支出。

（三）各民族的单个需求偏好不能得到很好满足

由于历史的原因，我国各民族的居住状况是大杂居、小聚居、相互交错，具体表现为聚居少数民族和散杂居少数民族。恩施州主要居住着土家族、苗族等多个少数民族，居住比较分散，民族结构比较复杂。无论是恩施州的民族渊源，还是民族关系，都带有明显的民族特性，这些民族特性，使得自治机关在提供基本公共服务时，需要更多地考虑各民族、各聚居地的实际情况，以满足单个的需求。这些单个的需求几乎囊括了政治、经济、社会各个层面。各民族的单个需求中，存在种类繁多、各民族需求不一致的情况。如民族宗教工作、民政工作、民族贸易等，各民族都有自身的实际需求。各个需求综合在一起，就构成了大量的、繁杂的社会事务。这些事务如果不能满足，就会形成社会不公。如果都要满足，则因为每种需求面临的对象均有限，提供的成本较高，效率相对低下。这使得自治机关要么都不提供，要么有选择地提供，要么提供相同的公共服务。

（四）城乡公共服务供给不均衡且成本高

恩施州基本公共服务供给不均衡表现在两个方面：一是恩施州与其他地区基本公共服务供给不均衡；二是恩施州内部基本公共服务供给不均衡，存在城乡差别，城市高于农村。由于特殊的自然环境和城乡二元结构尚未从根本上改变等原因，使得恩施州城市与城市之间、县与县之间、城乡之间的发展存在不平衡，城乡公共服务供给不均衡且成本较高。城镇大部分享有公路网和铁路网，而农村地区的公路交通网刚刚得到完善，局部地区还没有完善。而治安、供水、电信、计算机网络等方面，城镇居民拥有比例远远高于农村地区。文体设施方面，随着行政级别的提高，文体公共设施的供给越来越丰富。恩施州最近几年增加的文化广场、文化娱乐设施、体育健身设施除了乡村学校拥有极少部分外，大多在市（县）城镇区，与广大农村的居民需求基本无缘。不仅如此，农村地区原有的一些娱乐设施随着设备的老化，从业人员的变动（如年迈体弱而不再从事这些行业）而逐渐减少甚至消失，广大农村地区居民的精神文明生活跟现代物质文明的膨胀式发展极不对等。卫生资源主要集中在城市，忽视广大乡村地区。城镇卫生体系建设齐全，各级别综合医疗机构全面，数量充足，城镇居民人均拥有床位数远远高于农村地区。反而占人口多数的广大农村地区居民拥有卫生资源相对偏少，公共卫生需求根本得不到满足。城市教育经费投入远远高于农村地区，城市教育硬件（如校园建设）和软件（如师资）明显优于农村地区。由于居住分散，民族需求复杂，城乡基本公共服务提供成本相对较高，以恩施州有限的财力很难得到满足。

（五）民族文化的传承需求迫切

恩施州是古代巴文化的发祥地和土家族文化的诞生地之一，又是中原文化和西南少数民族文化的融会之地，在历史上还受到中南少数民族文化的辐射，土著文化和其他民族文化交相辉映，具有十分丰富的民族文化资源。具体的有民间文学、文人文学、建筑艺术、歌舞艺术、戏曲艺术、习俗文化、民族语言、民族文化古迹等方面，这些民族传统文明在经济和信息化高度发达的今天急需得到当地政府部门的保护和弘扬，以使民族文化得到传承。切实维护和保障少数民族的传统文明，挖掘少数民族民间文化，保护少数民族群众的合法权益，同时加强民族交流，营造一个民族大家庭的浓厚氛围，以此促进少数民族全面发展。

恩施州自治机关事权的重要组成部分就是保护民族传统，让丰富多彩的民族文化资源得到继承。我国历史悠久，少数民族在长时期的发展中形成了特色鲜明的民族文化。少数民族的文明传承与汉族的文明传承相比，其传统急需保护，且难度较大。因为少数民族大多地处边疆或交通不发达地区，信息闭塞，认识有限。在长时期的历史发展中，战争、饥荒、自然灾害等原因使得恩施州的传统文明大多面临着消失的危险。再加上居住分散，专业人才的匮乏，传统文明的保护需要的资金量大，花费时间长，且保护的结果是隐性的，使得恩施州自治机关不得不花费大量时间、精力去培养专门人才，以使恩施州民族传统得到继承和发扬。只有在保护民族传统基础上，同时吸收、借鉴其他民族先进的内容，才能促进民族的发展。

三、财政运行的特殊性

恩施州财政运行要根据地方经济、社会、政治、历史、文化、自然、风俗、民族等实际情况的差别来决定。民族区域自治制度是恩施州财政运行制度的依据；特殊的地理环境和自然条件是恩施州财政运行的客观环境；经济社会发展的严重滞后是恩施州财政运行的现实依据。

（一）财政运行制度安排上的特殊性

民族区域自治制度的确立，奠定了财政自治的政治基础与制度安排。财政自治是民族区域自治不可或缺的重要组成部分，是民族自治地区财政运行特殊性的政治依据。民族自治地区财政自治，是要界定财政自治范围和财政自治权限，全面落实财政自治权，提高自治机关的自治意识，规范财政收支行为。

1994 年，财政管理体制的改革使得恩施州财政管理体制从

"特殊"过渡到"一般",为的是淡化恩施州财政的特殊性,使其平等参与市场竞争。财政体制的改革使得恩施州与其他地区的差距进一步拉大,财政自给率不断降低,自有财力所占可支配收入比重严重下降,财政运行陷于困境。目前全国统一的财政管理体制使得恩施州一直实行的差别财政管理体制不断削弱,财政自治权名存实亡。同时,恩施州缺乏财政自治权意识,财政自治权基本上是对中央对地方财政政策的照抄照搬,忽视了恩施州的实际情况。财政自治权界定模糊,可操作性不强以及财政自治权内容变化频繁,稳定性差。

《宪法》和《民族区域自治法》对财政自治权做了明确规定,而根据恩施州的实际情况,其经济和社会发展都离不开相对自主的财权。但地方自治机关思想过于陈旧,没有在新的财政体制下发挥财政自治权应有的作用,仍然秉承等、靠、要传统。如恩施州自建州以来颁布的 12 项单行条例中没有一项是关于财政自治权的。恩施州的实际情况要求与经济发展水平相适应的财政税收政策,要求结合自身特殊情况开征或停征有关税收、要求根据实际情况调整税率及有关税制要素,既保证恩施州享有一定的税收立法权和调整权,同时调整税收分配格局。

(二) 财政运行环境的特殊性

1. 地理环境的特殊性

恩施州地理环境的特殊性,主要表现在恩施州地处湖北西南,西毗重庆,南邻湖南,东北接神农架,东部连宜昌。境内地表切割深,沟壑纵横,山体破碎,地形地貌复杂,大河、小溪呈树状分布。受新构造运动间歇活动的影响,州内大面积隆起成山,局部断陷、沉积形成多级夷面与山间河谷断陷盆地。属亚热带山地季风性湿润气候,雾多湿重,雨量充沛。海拔高度悬殊,小气候特征明显,是地质灾害易发多发地区。因季风进退的迟早和强度变化不一,降水和气温的年际变化差异大,阴雨、洪涝、低温冷害、冰雹、大风等自然灾害常有发生，对农业生产影响较大。

2. 民族问题的特殊性

恩施州是一个多民族居住的自治州，除汉族外，还居住着 28 个少数民族，其中土家族和苗族是自治民族，也是世居民族，汉族和其他少数民族都是不同历史时期从周边不同地区迁移而来的。少数民族在历史上经历了羁縻制度、土司制度、流管制度，以及中华人民共和国成立以后的民族区域自治制度。

秦统一六国之后，在巴人住地设郡县，分而治之。汉代，中央王朝以巴人首领治其地，实行羁縻政策。隋统一全国后，继续加强对恩施的统治。唐朝初年，土家族首领先后归附于唐。唐朝令土家族首领治理其地，在邻近中原的腹地，正式建立羁縻州县制度。宋代对鄂西南继续推行羁縻政策，对恩施州西南部的土家族上层人物，委以刺史、知州的职位，以掌握地方实权，先后设立珍州、富州、顺州、保顺州等羁縻州。元代在吸取前代经验上，开始在恩施推行土司制度，将恩施西南地区辟为土司地区。明代在此基础上健全、完善土司制度，在恩施设立 9 个安抚司、11 个长官司、5 个蛮夷长官司。清代在恩施继续推行土司制，共设立 1 个宣慰司、5 个宣抚司、11 个安抚司、6 个长官司。雍正十三年（1735 年），恩施开始改土归流，废除历经元明清三代的土司制度，委派大量流官统治恩施土家族地区，正式推行流官制度，将恩施直接置于中央王朝的统治之下。

中华人民共和国成立以后，恩施逐步落实党的民族政策，在来凤、鹤峰土家族自治县成立后，1983 年成立鄂西土家族苗族自治州，1993 年正式更名为恩施土家族苗族自治州，全面实行民族区域自治制度。

3. 经济发展历史的特殊性

恩施州民族经济的发展，最早可以追溯到秦汉时期。这个时期土家族主要以狩猎和砍伐为主，同时开始在山区尝试种植粮食，恩施州开始缓慢发展。在之后很长一段时期内，恩施州农业仍然停留在最为原始的阶段。这个时期，巴人开始纺织，手工业有一定的发展。恩施州经济处于相对稳定发展阶段是在唐宋时期，这个时期土家族与中央王朝保持着日益密切的联系，双方经济联系进一步加强。但恩施州整体经济发展呈不平衡状态，靠近汉族地区的经济发展相对较快，而少数民族集中聚居的边远地区因为落后的生产力发展较为缓慢。土司制度时期，鄂西南土司地区的社会经济主要是封建农奴制经济。一些汉族农民和商人开始迁入鄂西南土司地区，使农奴制经济缓慢转向地主经济。官方贸易活动主要起源于"纳贡"与"回赐"之间，这种日益频繁的交流客观上起到了加强土家族与汉族地区经济联系的作用。元至清初，鄂西南土家族地区已普遍使用牛耕，但整体经济仍处于刀耕火种的原始状态。这个时期恩施州发展较快的是手工业，最为突出的是家庭纺织业。改土归流后，定居于鄂西南各地的各族艺人促进了手工业发展。鸦片战争后，家庭手工业生产者和城镇手工业者受到限制，被迫从事商业，在一定程度上刺激了鄂西南商品经济的发展。进而使得少数民族与汉族地区的经济交往日益频繁，继而出现了各种行业组织。民国时期的鄂西南，自然经济遭到进一步破坏，农村家庭手工业遭到沉重打击，但是商业化的生产如农副产品的生产却增长迅速。中华人民共和国成立之前，恩施州经济增长最快的时期发生在抗日战争期间，武汉沦陷后国民党湖北省政府被迫迁到恩施，大量外来人口的涌入，不仅促进了民族融合，更促进了工业和手工业的发展。其中发展最快的当属纺织业和造纸业。中华人民共和国成立尤其在党的十一届三中全会以后，以多种经营为主的农村经济得到迅速发展，工业经济和商贸经济得到长足发展。特别是实行民族区域自治后，恩施州的民族经济在各种倾斜性政策下呈现出历史性的发展和进步。

（三）财政运行现实的特殊性

社会经济发展的严重滞后，是恩施州财政运行陷于困境的根本原因。恩施州是背着沉重的历史包袱建设社会主义的，其自然、社会、经济背景与其他地区有着极大的差别，集边远、山区、贫困、落后为一体。由于社会经济等原因，同样的政策在恩施州执行起来困难重重，如配套措施、经济效益、基础设施等都有很大的制约。尽管经济发展速度与全国基本水平持平，但由于基数小，经济总量和规模不大，把恩施州推到全国同一水平进行竞争，恩施州很难做到按相同规则进行财政运行。

除此之外，恩施州内部发展又极不平衡，州内民族众多，分布广泛，生产力水平和居住地自然条件不一致，产业结构、消费结构、生产方式不一样，使得恩施州区域经济发展呈现出多元化水平。

独具特色的传统文化、社会结构和价值观，对恩施州财政运行产生重要影响。无论是宏观经济调控，还是财政运行，都应考虑恩施州社会经济发展的实际需要，不能把恩施州财政政策纳入全国统一的"大一统"财政管理体制中去。没有考虑恩施州财政运行现实的特殊性，完全把恩施州推向市场经济中去"公平竞争"是不公平的。

第二节　落实财政自治权

民族区域自治制度赋予了民族自治地区各种自治权，除了采取一系列照顾少数民族经济发展的优惠政策，还赋予了财政自治权。财政自治权在恩施州实施以来，恩施州经济得到明显的发展，恩施州的财政困境得到了显著的改善。从我国民族自治地区财政政策的演变来看，财政自治权的实施取得了明显的成就。

一、财政自治权实施取得的成就

(一) 恢复和发展了地区经济

中华人民共和国成立以后，国家对民族自治地区一直实行照顾性财政政策，从恩施州实行成效看，对地区经济的恢复和发展，起了很大的促进作用。1949~1952 年国民经济恢复时期，恩施州工农业产值增长了 29.7%。1953~1957 年第一个五年计划时期恩施州国内生产总值年均增加 6.3%，工农业生产总值年均增长 7.6%，国民经济得到极大的恢复。"文化大革命"期间，经济建设遭到严重破坏，但经济仍有增长，1965~1975 年，国内生产总值年均增长 13.6%，财政收入年均增长 2.0%。党的十一届三中全会后，通过有计划地调整国民经济，加快农业和轻工业的发展，逐步改善农、轻、重的比例，经济建设和社会事业取得较大发展。在照顾性财政政策支持下，综合实力明显增强，1980 年国内生产总值为 70100 万元，1995 年国内生产总值为 617300 万元，2000 年为 1183600 万元，2011 年为 4181900 万元。财政收入方面，1980 年全州为 6283 万元，1995 年为 57300 万元，2000 年为 106000 万元，2012 年为 909800 万元。

1983 年恩施州成立后，随着国家一系列对恩施州优惠政策的逐步到位，上级对恩施州的扶持力度加大。特别是分税制财政管理体制实施后，上级对恩施州执行转移支付、税收返还政策，财政补助增加迅速。1983 年上级补助收入为 9134 万元，1993 年为 15225 万元，1994 年上升为 42042 万元，2012 年上级补助收入更是增加到 1382400 万元。以 2009 年为例，全年上级专项补助为 812045 万元，其中税收返还为 58314 万元，仅占 7.18%。一般性转移支付为 387345 万元，占 47.69%。专项转移支付为 366386 万元，占 45.17%。而当年恩施州全年财政收入仅为 474965 万元（含上划的中央、省四税，上划的中央四税即国内增值税 75%、国内消费税

100%、企业所得税60%、个人所得税60%，上划的省四税即国内增值税8%、营业税30%、企业所得税15%、个人所得税15%），支撑着恩施州财政支出绝大部分的上级补助，给予恩施州经济发展极大的动力。

（二）促进产业结构调整

财政自治权的落实，极大地调动了自治机关发展本民族、本地区经济，促进产业结构的调整。自治机关从本民族、本地区的实际情况出发，自治安排、管理使用财政资金，合理调整本地区产业结构，优先扶持、发展本地区优势企业和龙头企业，合理配置资源，进而优化本地区产业结构。

在上级财政支持下，恩施州第一个五年计划全面发展农业、大力发展工业。在国民经济调整时期，压缩工业生产和基本建设规模，大力发展农业和轻工业生产。第五个五年计划时期，有计划地调整国民经济，加快农业和轻工业发展，逐步改善农、轻、重的比例关系，经济建设得到较大发展。1975~1980年，国内生产总值年均增加6.1%，工农业生产总值年均增加5.5%。1991~1995年，全州基本实现了"解决温饱、培植后劲、为系统开发打基础"的阶段性目标。第一产业年均增加5.3%，第二产业年均增加15.3%，第三产业年均增加11%。到1995年，三次产业增加值为50∶23∶27，2000年为44∶25∶31，2007年三次产业构成由2006年的38.4∶25.1∶36.5调整为37.7∶23.6∶38.7，第三产业比重从此成为恩施州三次产业中比重最大的产业。这得益于恩施州利用得天独厚的地理条件，开拓本地旅游资源，充分发展本地旅游业。到2011年产业结构调整成效明显，三次产业构成由2010年的30.7∶28.7∶40.6调整为28.3∶31.8∶39.9，第二产业比重首次超过第一产业。

（三）调整理财思路

在国民经济恢复时期，为恢复和发展民族自治地区经济，中央

195

规定了民族自治地区财政有一定范围的自主权，收支结余上缴中央，不足部分由国家补助外，还发放生产补助费、卫生补助费、社会救济费和无息贷款。税收方面，不仅实行各种税收优惠，而且还采取低于内地的税收政策。这些措施的实施，对民族自治地区的休养生息和经济的恢复起了极大的作用。到国民经济调整时期，民族自治地区已经建成了一批大、中、小工业企业，基础设施也得到全面发展。这一时期的民族自治地区财政支出方面，肯定了民族自治地区财政的自治性，逐步尝试扩张性财政政策。实施照顾民族习俗的有限自治，给予税收管理上更大的机动权权限，可以自主根据本地区、本民族需要决定减税或免税。改革开放时期，民族自治地区财政实行体现优待、自治和扩张性的政策，财政支出主要用于边境建设事业和促进民族自治地区生产发展、改善各民族人民生活等方面。民族自治地区从此进入全面、高速发展时代，财政收入增长迅猛，基础设施进入全面建设时期，基本解决民众温饱问题。2001~2010 年实行西部大开发战略，加快中西部地区的均衡协调发展。经过十年的实施，整个西部地区的 GDP 和人均国内生产总值的增幅均高于全国平均水平，是中华人民共和国成立以来增长最快的十年。

　　恩施州在国民经济恢复时期，在进行社会改革的同时，迅速恢复了遭到严重破坏的国民经济，全面发展农业、大力发展工业。国民经济调整时期，开展了压缩工业生产战线和基本建设规模，大力发展农业和轻工业生产，精简职工和压缩城镇人口等一系列工作。改革开放至第八个五年计划时期，是恩施州历史上发展较快的时期之一。相继建成了一批重点企业、骨干企业和农村支柱产业，逐步建立起烟草、医药、化工、建材、机械、电力、冶金、纺织、皮革等门类较为完整的工业体系和以烟、茶、果、林、牧为主的林、特、牧农业商品生产基地，完善了以州府为中心的电力调控网络和上下联通、内外开通的交通运输格局及现代化程度较高的通信网络。第九个五年计划时期，恩施州坚持以经济建设为中心，坚持深化改革，扩大开放，牢牢把握发展主旋律，探索出一条具有山区特色的发展之路。经济快速发展，综合实力明显增强。固定资产投资大幅度增加，仅"九五"期间，全州固定资产投资额相当于中华人民共和国成立以来至 1995 年全部投资总额的 1.43 倍。通过固定资产投资，有效扩大内需，新增一大批生产能力和效益俱佳的特色产业，经济发展后劲得到增强。从 2000 年开始，坚持民族团结进步的主题，把握发展第一要务，全面贯彻落实西部大开发、民族自治地区大发展、整体推进式扶贫等政策机遇，在软硬件建设、重点项目建设、支柱产业建设、、城镇建设、社会事业及社会保障体系建设等方面取得明显成效。产业结构不断优化，以优势特色产业开发为重点，大力调整产业结构，培植有特色优势和市场竞争力的产业，初步形成了烟叶、茶叶、畜牧、林果、药材、特色蔬菜等六大农业主导产业，以卷烟、水电、富硒绿色食品、药化、建材为主的五大工业逐步壮大，以重点景区建设为主的旅游产业初步建成。基础设施建设成效明显，大交通骨架基本完成。人民生活不断改善，全州基本建立起覆盖企事业单位的社会保障体系和覆盖城乡的社会救助体系。实施整体推进的扶贫攻坚政策，基本消除了农村特困户的茅草屋和饮水问题。

（四）加快财政改革步伐

我国财政体制历经了多次调整和改革，为民族自治地区财政自治权的落实创造了良好的环境。每一次财政体制的变革，都会引起对民族自治地区的照顾性政策的变化。这种变化多是由中央单独做出的，民族自治地区很少积极主动参与。而且这种变化主要靠政策调控而缺乏严格的法律约束，一定程度上使民族自治地区在财政上形成了对中央的依赖。尽管如此，恩施州在民族区域自治权和财政自治权范围内，仍然尝试探索财政改革。

一是进一步规范财政工作程序。提出"弱化权力、刚化监管、简化程序、优化服务"的"四化"工作思路，并赋予具体的内涵。

二是事权和财权的统一，增强县市财政实力，加快县域经济的发展。具体包括：加大对县市转移支付力度，包括一般转移支付、铁路和高速公路税收的州县分成比例、烟厂税收集中后对县市财力补偿利益最大化；减少县市向州的财政上缴，全州逐渐减少到取消出台硬性减收增支和上缴体制政策。

三是集中财力办大事。大事实事由恩施州统一安排，州财政纳入预算。州政府承诺每年集中力量为社会办 10 件实事。筹措大量资金用于消茅、扶贫、城市建设、沼气池建设、农村中小学危房改造、村级卫生室建设等方面，同时，在再就业培训、劳动保险、城市低保、粮食直补、农村义务教育经费保障等方面提供资金支持，促进经济社会协调发展。

（五）加大对外联系，促进了民族融合

民族自治地区的实际情况决定了在相当长的时期内离不开上级政府尤其是中央财政的支持与援助，同时还需要中央财政的特殊政策照顾。上级政府的支持尤其是资金支持使得民族自治地区尽快摆脱贫困落后的面貌，立足本地区、本民族实际情况，大力发展外向型经济。在向外输出本地区特色产品的同时，积极利用外资弥补本地资金不足，使得内外资成为民族自治地区经济发展的有效途径。同时，民族自治地区还要充分考虑本聚居区各民族实际情况，各民族之间、民族自治地区与其他地区之间的利益分配。这些分配关系促进了民族自治地区对外交流与发展，促进了民族团结、民族互助和民族共同繁荣。

1993 年，湖北省将外贸体制下放到恩施州，成立了新的有进出口权的外贸公司，1994 年实现自营出口。1998~1999 年恩施州 8 个县市外贸公司先后取得进出口权，直接由各县市外经贸局经营和管理，全州各外贸公司以代理出口为主。2004 年恩施州撤销州外经贸局、贸易物资行业管理办公室，组建恩施州商务局，承担全州外贸、内外资行政管理功能。2005 年，全州 8 个县市组建商务机构，实现内外贸、内外资管理一体化。2011 年全年外贸进出口总额为 22649.58 万美元，其中，外贸出口额为 22542.51 万美元，进口额为 107.07 万美元。1998 年恩施州成立招商局，2004 年组建的州商务局同时加挂州招商局的牌子，负责引进国内州外资金。境内引资不断向重点投资领域和主导产业延伸，已经成为诸多领域或产业的骨干和主导力量。在发展对外贸易和招商引资的同时，不断推进民族融合，实现了各民族共同进步、民族互助和共同繁荣。

二、财政自治权运用存在的问题

从市场经济和区域经济发展的规律看，民族自治地区财政体制从"特殊"过渡到"一般"是必然趋势。但这种过渡是有前提条件的，即民族自治地区与其他地区相比，其差距、差异、特殊性逐渐淡化，有实力与其他地区平等参与市场竞争。然而由于历史因素，使得二者之间的差距不仅没有缩小，反而有所拉大。现行财政管理体制没有考虑民族自治地区与其他省份的不同之处，除保留民族自治地区照顾性补助等各项专款外，在税种、税率上全国"一刀切"。在核定地方收支数额基础上，实行了中央财政对地方财政的税收返还和转移支付制度，成功实行了在中央与地方政府之间税种、税权的划分，实现了"分灶吃饭"。现行财政管理体制下，在共享税的分成比例、税收增长返还系数的确定及地方固定项目划分上，民族自治地区与其他地区一样。由于税制设计上的缺陷，加上历史、体制等因素的影响，分级分税的财政管理体制使得民族自治地区财政收支状况不仅没有明显改善，反而有进一步恶化的趋势，民族自治地区财政自治权名存实亡。

（一）缺乏财政自治权意识，依赖性强

财政自治权的落实，可以调动地方财政的积极性，推动地区经济的发展。民族自治地区财政拥有比一般地方财政更大的管理自主权。在贯彻中央统一的财政政策下，自治机关对本地区的国民收入

有一定的分配权力，还可以根据本地区实际情况，因地制宜制定多项财政规章制度和方法。由于理论研究的落后，加上对财政运行特殊性认识不充分，财政自治权没有引起各方的足够重视，将民族自治地区财政只是泛泛地等同于一般地方财政来对待。虽然《宪法》和《民族区域自治法》分别赋予了民族区域自治权和财政自治权，但是中央财政部门在制定财政政策时往往忽视了民族自治地区的特殊需求。而自治机关也没有充分意识到财政自治权对本民族、本地区社会经济发展的重大作用和意义，自治机关还停留在旧有的财政观念上，依赖思想过重。各民族对财政自治权也缺乏了解，没有足够的财政自治权意识。具体表现在已颁布的自治条例中，有关财政自治权的条款过于单一，基本是对照顾性财政政策的照抄照搬。不同地区的条款基本雷同，不能反映本民族、本地区的实际情况。在全国通过的单行条例中，没有一项是关于财政自治的。

从恩施州的自治条例来看，财政自治权基本上是对中央对地方财政政策的照抄照搬，忽视了恩施州的实际情况。在 1983~2012 年所颁布的 12 项单行条例中，没有一项是关于财政自治权的。对财政自治权的重要性认识不够，导致了地方财政积极性调动不够。地方自治机关财政思想过于陈旧，没有在新的财政体制下发挥自治权应有的作用，仍然秉承等、靠、要传统。要解决这一问题，应做到以法律保障为主、辅之以政策保障。不能把财政自治权认定为一种简单的民族政策，也不能看作是一种权宜之计。中央在制定财政政策的同时，应当赋予民族自治地区一定的税收立法自治权，赋予民族自治地区开征和停征地方税税种、减免地方税、调整地方税税目和地方税税率的自主立法权。

（二）财政自治权界定模糊，缺乏可操作性

从《宪法》、《民族区域自治法》和民族自治地区的自治条例和单行条例来看，不论是中央层面还是地方层面，也不论是法律上还是政策上，对于财政自治权的描述和界定都很模糊，缺乏现实的可操作性。

《宪法》在考虑财政自治权时同样没有考虑到地区财政的特殊性，把民族自治地区财政当作一般地方财政。当然，作为基本法，宪法不可能具体规定财政自治权的内容和形式，只是从基本法的角度赋予了民族自治地区财政自治权。《民族区域自治法》关于财政自治权的规定，在现行财政管理体制下，与一般地方财政差异并不大，尤其是民族自治地区迫切需要的税收立法权，没有得到体现。财政自治权在实际中缺乏明确的界定，这样的后果是各民族自治地区在制定自治条例和单行条例时，不能充分利用宪法和其他法律赋予的特殊民族立法优势和立法资源。制定的自治条例和单行条例涉及财政自治权的，没有对本民族、本地区的实际情况进行实际调查，基本上是沿袭《宪法》尤其是《民族区域自治法》的主要内容，很少加以修改，立法水平较差，缺乏实用性、可操作性和针对性。

（三）财政自治权内容变化频繁，稳定性差

中华人民共和国成立 60 多年来，经济体制变化大，财政管理体制变化频繁，从而造成财政自治权内容变化频繁，稳定性差。从最初的"划分收支、分级管理、分类分成"，到"划分收支、分级包干"，再到现在的分级分税的财政管理体制，我国的财政管理体制不断变化和调整，每一次财政管理体制的变动都会引起财政自治权内容的变化。民族自治地区财政自治权，从 1957 年的"增加机动财力"，到 1958~1979 年的"核定收支，收大于支，定额上缴；支大于收，中央补助"和民族自治地区的"民族财政三照顾"，1980 年除保留原体制规定的照顾外，新增加的对民族自治地区按定额补助每年增加 10% 和在国家预算内设立的"支援不发达地区的发展资金"，1984 年的《民族区域自治法》规定了财政自治权的具体内容，最后到 1994 年的分级分税财政管理体制中对民族自治

地区的各种转移支付以及 2000 年开始试行的西部大开发中的"民族自治地方的内资企业可以定期减征或免征企业所得税"等。这些变化使得民族自治地区的自治机关在制定自治条例和单行条例时无所适从，只能在《宪法》和《民族区域自治法》的权限内照抄照搬其内容，不敢有所逾越。对本民族、本地区财政自治权的不敢诉求，使得中央在制定财政管理体制时不能及时、准确了解民族自治地区的实际情况，只能实行全国的无差别对待。

三、财政自治权的落实

（一）加强财政自治权的立法保障

虽然《宪法》和《民族区域自治法》对民族自治地区财政自治权做了明文规定，但是由于立法时间早，条文过于抽象，不利于实际操作。应制定相关的配套法规，保障财政自治权的贯彻落实。《民族区域自治法》属于基本法，其法律效力和地位仅次于《宪法》，一般性法律、行政法规及地方性规章都不得与之抵触。中央没有充分了解财政自治权对民族自治地区的关键作用，对财政方面的立法重视不够。2001 年对《民族区域自治法》做了重新修订，主要针对现行财政管理体制，完善相应的财政自治权内容，但也仅仅是增加了上级有帮助民族自治地区财政的义务。

对各民族自治地区而言，应根据《民族区域自治法》的规定，结合本地区、本民族实际情况制定相关的自治条例和单行条例，把财政自治权的内容、方式和手段具体化。根据授权制定财政自治权有关的法律法规的变通和补充规定，以保障财政自治权的正确贯彻执行。一些地区对财政自治权进行了有益的探索，如宁夏为配合国家扶贫计划的实施在全国首先开征高消费筵席和娱乐业的扶贫附加税；广西对贫困户减免房产税、屠宰税及城建税；内蒙古针对本地农牧业发展的特点制定财政扶持措施等。这些探索为财政自治权的落实提供了有益的经验。

（二）提高财政自治权意识

《宪法》和《民族区域自治法》规定了财政自治权相关内容，这些原则性规定只是表明财政自治权是一种客观存在的法定权利，要使财政自治权成为现实存在的权利，必须通过自治机关的具体行使。从各地的实践看，自治机关行使财政自治权的积极性和主动性不够，财政自治权意识淡薄。要么没有颁布关于财政自治权的自治条例或单行条例，要么在已颁布的自治条例或单行条例中，关于财政自治权的条款过于原则、雷同，没有反映出各民族自治地区的实际需要。

增强财政自治权意识，要先了解财政自治权的具体内容，需要自治机关领导干部和财政人员学习并掌握《民族区域自治法》关于财政自治权的内容，结合本民族、本地区的特殊情况，改变长期以来形成的依赖思想，从政策和制度上为民族自治地区财政运行创造良好的制度环境。要意识到财政自治权的落实，应在全国统一的财政管理体制下实现。自主安排使用属于地方的财政收入，对留用财力进行自主调剂，根据地方经济和社会发展要求决定支出的项目和内容。财政自治权的实现，应充分考虑民族与地区的特殊性，将财政自治权的具体内容应用到促进地区经济发展、调整和优化产业结构、扶持优势产业和特色产业等方面。

（三）财政政策的倾斜

现行财政管理体制理顺了中央和地方的关系，但是却给民族自治地区带来了负面影响。民族自治地区承担了大量"交叉性事权"，这些事权既有民族自治地区的性质，又具有全国或局部地区的性质，在事权不明的情况下，基本上都由民族自治地区承担。与之相反的是，分税制实施后，民族自治地区的财政自治权随着改革的不断深入不断融入到共性的财政体制和政策中去了。分税制的实施使民族自治地区的财权不完整，税务机构的垂直管理体制使得民族自治地区不能自主组织财政收入，属于自身的税收收入规模过小。共享收入中属于中央和省级部分过大，地方税收管理权限过小。地方税的立法、税目税率的设计调整权限以及税种的开征停征、税收的减免权限都收归中央使得民族自治地方几乎失去所有的税收管理权限。民族自治地区生态环境脆弱，基础设施差，但是大多集中在资源丰富地区，开征的税种往往缺乏必要的税源，而对需要开征的税种及其调整却没有相应的权限。财权不明，自有财力不足，民族自治地区财政运行不得不严重依赖中央和上级政府的转移支付。

在这种情况下，财政自治权的落实单靠自治机关的努力很难实现。民族自治地区思想观念的保守及政策制定的自上而下的措施，需要中央通过宏观调控手段，为缩小地区发展差距制定一系列的照顾性财政政策。从"输血"变为"造血"，加强引导和干预，同时给予必要的政策照顾和资金扶持，支持民族自治地区发展经济。

第三节　调整和规范转移支付制度

一、转移支付的历史变迁

中华人民共和国成立以来，国家对民族自治地区经济发展尤为重视，在充分考虑民族自治地区特殊性基础上，对民族自治地区财政实行一系列特殊的优惠政策，通过建立各种形式的转移支付加大对民族自治地区财政的支持。国家对民族自治地区的转移支付制度，大体经历了以下几个阶段：

（一）财政补助时期

20 世纪 50 年代初，国家在全国初步建立起统一领导、分级管理的财政体制，对收入进行分类分成。与此同时，授予民族自治地区一定的财政自治权。1952 年颁布的《民族区域自治实施纲要》，规定："在国家统一的财政制度下，各民族自治地区自治机关有权按照中央人民政府和上级人民政府权限的划分，管理本自治区域内的财政。"在编制1954年预算草案中，规定民族自治地区财政统收统支，结余上缴中央，不足部分由中央补助。

1958年《民族自治地方财政管理暂行办法》是中华人民共和国历史上第一个专门规范中央财政对民族自治地区实行财政转移支付的法律文件。该办法明确规定了上级各级财政保证民族自治地区财政达到收支平衡，体现了中央对民族自治地区财政的强力支持。1960年该办法停止执行。

20世纪60年代，国家对民族自治地区实行"财政适当照顾、必要补助"的优惠政策。1963年国务院转批的《财政部、民族事务委员会关于改进民族自治地方财政管理的规定（草案）》，决定从1964年起，实行"核定收支、总额计算、多余上交、不足补助、一年一变"的办法，增加民族自治地区的机动财力。民族自治地区财政预算的预备费比一般地方政府高出2个百分点，另加5%的机动金。增加一笔少数民族补助费，作为解决民族自治地区特殊性开支专款。民族自治地区上年结余资金和当年预算执行过程中超收分成收入，全部留给民族自治地区使用，中央不参与分成（1964~1988年）。在自有资金、利润留成和价格补贴方面实行"三项照顾"（1964年至今）。

（二）分级包干时期

1980年国务院颁布的《关于实行"划分收支、分级包干"财政管理体制的通知》，根据各地区不同情况实行四种不同办法。为了照顾民族自治地区，中央对民族自治地区实行定额补助、每年递增10%。原体制设立的机动金、比一般地区多设的预备费、"三项照顾"均纳入地方包干范围，五年不变。同时设立了支援不发达地区发展资金、边境事业补助费、边境建设补助投资等补助资金。

1985年为了适应利改税改革，国务院决定1985年实行"划分税种、核定收支、分级包干"的财政管理体制，为了照顾民族自治地区发展需要，按照中央核定的定额补助数额，在5年内继续实行每年递增10%的办法。由于递增数额较快，超过中央财政承受能力，在执行了8年后，于1988年停止执行。从1988年起，将每年递增10%改为按1987年递增10%后的补助数额固定下来。

（三）分税制财政管理体制时期

1993年国务院颁布的《关于实行分税制财政管理体制的决定》，使民族自治地区原有照顾性财政政策相继失去作用。分税制在全国统一实施，采取"一刀切"的做法，对民族自治地区没有做出单独的明确规定，使得民族自治地区财政受到很大的冲击。为了缓解民族自治地区财政运行上的困难，分税制实施后，国家实行过渡性财政转移支付、民族自治地区转移支付和一般性转移支付等政策安排。

1. 过渡性转移支付

1995年我国制定并实施了《过渡期转移支付办法》，中央每年增加安排一部分资金，采用相对规范的做法，重点解决一些困难地区特别是民族自治地区的财政困难。过渡性转移支付办法，包括一般性转移支付和民族自治地区优惠政策转移支付。一般性转移支付根据各地区标准支出、标准收入和一般性转移支付系数计算确定；民族优惠政策转移支付是对民族自治地区在享受一般性转移支付后额外实施的照顾性转移支付。过渡性转移支付对民族自治地区的照顾，一是在计算财政收支标准时，充分考虑民族自治地区的特殊情况；二是民族自治地区除享受一般性转移支付外，还享受民族优惠政策转移支付。

2. 民族自治地区转移支付

2000年，为配合西部大开发战略，进一步支持民族自治地区发展，国家加大了对民族自治地区的财政转移支付力度，用于解决民族自治地区特殊的困难。在预算安排上，中央财政当年增加对民族自治地区转移支付资金 10 亿元，以后每年按上年上缴增值税收入增长率递增。同时采用环比方法，将每年增值税收入比上年增长部分的 80%转移给民族自治地区。

3. 一般性转移支付

2001 年修订后的《民族区域自治法》规定，民族自治地区在全国统一的财政管理体制下，通过国家实行的规范的财政转移支付制度，享受上级财政的照顾。同时规定上级财政要逐步加大对民族自治地区的财政转移支付力度，通过一般性转移支付、专项转移支付、民族优惠政策转移支付以及其他方式，增加对民族自治地区的资金投入。2002 年实行所得税分享改革后，明确规定了中央因改革增加的收入全部用于一般性转移支付，建立一般性转移支付稳定增长机制。过渡性转移支付不再使用，改为一般性转移支付，原有的一般性转移支付改称为财力性转移支付。

1983 年，恩施州成立后，随着国家一系列对民族自治地区优惠政策的逐步到位，上级对恩施州扶持力度逐渐加大，转移支付逐渐正规。

至此，恩施州基本上形成了包括返还性收入、一般性转移支付和专项转移支付在内的财政转移支付制度。转移支付从 1983 年占可支配财力的 51%下降到 1993 年的 27%，分税制实行后逐渐上升，最高年份的 2010 年该比值已上升到 88%。

二、民族自治地区财政转移支付的特点

(一) 转移支付制度逐渐正规

民族自治地区经济基础和财政实力都很薄弱，民族自治地区从上级财政获得的巨大支持，对维系自治机关正常运转和提供地方公共服务发挥重大作用。不同历史时期国家对财政转移支付的不同规定，使得民族自治地区财政转移支付不断走向正规。

1983 年恩施州成立后，为支持民族自治地区经济文化事业发

展，省将民族贸易企业按 50%计算后的利润留成差额及按包干支出总额的 10%计算的财政"三项照顾"（机动金、预备费、补助费）分别打入恩施州基数，据此调整恩施州财政收支包干基数和定额补贴数额。1985 年实行新的财政管理体制，省对恩施州实行"划分税种、核定收支、分级包干、收大于支的定额上交，收不抵支的定额补贴，收入超基数部分全部留用，达不到基数不补，一定五年"的办法。财政定补递增率由 10%降为 5%，少数民族财政"三项照顾"按中央规定由省补助，打入支出基数。1986 年省对恩施州的定额补贴递增率由 5%恢复到 10%，1988 年中央取消对少数民族自治地区定补递增政策，但湖北省对恩施州仍保留了当年 5%的定补递增。1989 年和 1990 年，恩施州仍执行"定额补贴、欠收不补、超收全留"的包干体制，留成 100%。从 1989 年起不再享受定补递增 5%的照顾。

1994 年分税制实施，省对恩施州实行新老体制并行，即原体制原则上继续执行，该上缴的上缴，该补贴的补贴，沿袭原包干体制的分配格局，新体制上划中央的税种不进基数，不与老体制混在一起，以税收返还的形式转移地方。增量大部分上缴中央，地方税收返还递增率与上划中央收入的增量挂钩。2002 年，进一步调整现行财政管理体制，根据中央所得税收入的改革规定，划分省与州的收入范围。

从恩施州成立以来，上级对恩施州转移支付不断变化，到如今形成了包括返还性收入、一般性转移支付和专项转移支付在内的财政转移支付制度。

（二）转移支付力度逐渐加大

恩施州成立以后，上级对恩施州转移支付力度不断加大。1983~2015 年上级对恩施州财政补助情况如表 7-1 所示。

表 7-1　恩施州转移支付统计表

年份	转移支付（万元）	转移支付增长率	可支配财力（万元）	转移支付占可支配财力比重
1983	9134	—	17876	0.51
1984	11769	0.29	21929	0.54
1985	10398	−0.12	22872	0.45
1986	13989	0.35	27159	0.52
1987	13259	−0.05	32135	0.41
1988	11588	−0.13	35427	0.33
1989	12732	0.10	39206	0.32
1990	14104	0.11	41914	0.34
1991	18264	0.29	50452	0.36
1992	14212	−0.22	51941	0.27
1993	15225	0.07	56635	0.27
1994	42042	1.76	61084	0.69
1995	45345	0.08	73476	0.62
1996	48509	0.07	82723	0.59
1997	53607	0.11	96488	0.56
1998	52662	−0.02	105035	0.50
1999	69769	0.32	129072	0.54
2000	85318	0.22	148430	0.57
2001	105004	0.23	168415	0.62
2002	148137	0.41	205474	0.72
2003	150876	0.02	211086	0.71
2004	192212	0.27	270716	0.71
2005	254442	0.32	337887	0.75
2006	322848	0.27	423141	0.76
2007	418358	0.30	548893	0.76
2008	570830	0.36	724847	0.79
2009	812045	0.42	994930	0.82
2010	1030025	0.27	1172027	0.88

年份	转移支付（万元）	转移支付增长率	可支配财力（万元）	转移支付占可支配财力比重
2011	1188297	0.15	1507226	0.79
2012	1392639	0.17	1796939	0.78
2013	1666482	0.19	2166942	0.77
2014	1584980	−0.05	2163214	0.73
2015	2653589	0.67	3325926	0.80

从表 7-1 可以看出，1983 年，恩施州财政收入为 8742 万元（1983~1993 年恩施州本级财政收入等于地域财政收入），当年上级补助收入为 9134 万元。2011 年，恩施州财政收入为 318929 万元（一般预算收入），当年财政转移支付为 1188297 万元，2011 年恩施州转移支付为本级预算收入的 3.72 倍。财政转移支付 2011 年比 1983 年增长了 130 倍，而 2011 年财政收入仅比 1983 年增长 36 倍。

（三）民族自治地区财政严重依赖转移支付

从转移支付占恩施州可支配财力看，1983~1993 年，恩施州转移支付占可支配财力比重不断下降，1993 年仅为 27%，恩施州财政正不断在实现财政自立。分税制财政管理体制实行后，这一状况急剧变化，恩施州财政自给率不断下降，尤其是 2010 年，转移支付占恩施州可支配财力的 88%，成为恩施州财源的绝大多数。

1994 年，财政管理体制的改革，使得当年恩施州一般预算收入急剧下降，当年上级财政通过加大转移支付力度使得恩施州当年可支配收入比 1993 年增长 69%，并没有因为财政体制改革而减少恩施州财政支出。2001 年西部大开发的所得税优惠使得当年恩施州一般预算收入下降，同样上级财政通过加大转移支付力度使得当年财政可支配收入增加 62%。从 2002 年开始，恩施州财政可支配财力增加幅度均在 70% 以上。1994~2015 年，转移支付年均增加

1.57 倍。

转移支付成为恩施州财政收入的主要来源，使得恩施州无论财政自身，还是社会经济的发展已经严重依赖上级转移支付。

（四）从转移支付构成看，税收返还所占比重急剧下降

表 7-2　恩施州转移支付结构

年份	税收返还占转移支付比重	一般性转移支付占转移支付比重	专项转移支付占转移支付比重
1994	0.60	—	0.40
1995	0.55	—	0.45
1996	0.54	0.14	0.32
1997	0.50	0.13	0.37
1998	0.52	0.13	0.35
1999	0.39	0.11	0.50
2000	0.33	0.14	0.53
2001	0.24	0.17	0.59
2002	0.18	0.21	0.61
2003	0.17	0.24	0.59
2004	0.14	0.27	0.59
2005	0.12	0.30	0.58
2006	0.10	0.26	0.64
2007	0.09	0.26	0.65
2008	0.07	0.25	0.68
2009	0.05	0.48	0.47
2010	0.04	0.37	0.49
2011	0.04	0.44	0.52

恩施州财政转移支付结构，以 1994~2011 年数据为例（见表 7-2）。从表 7-2 可以看出，恩施州 1994 年财政体制改革后税收收入、一般转移支付及专项转移支付占转移支付的比重，三个比

值变化明显。税收返还占补助收入的比重从 1994 年的 60% 下降到 2011 年的 4%，基本可以忽略。一般性转移支付从实行以来，所占上级政府补助比值开始逐步上升。但专项支付实行以来，从 1999 年开始，始终占据上级政府补助的绝大部分。最高时期的 2008 年，占补助收入比重达到 68%。

三、转移支付存在的问题

（一）税收返还均衡绩效较低

1994 年财政体制改革，体现在转移支付体制的设计上，以 1993 年地方财政收入为基数确定，照顾了发达地区的既得利益时，忽略了民族自治地区特殊的财政体制因素。从税收返还的制度安排上，导致了地区收入不均衡局面的延续，实际上延续了原体制下的利益分配格局。2002 年所得税收入分享改革，改革的基本原则就是保证地方既得利益，不影响地方财政的平衡预算，所得税基数的返还同样没有考虑民族自治地区的特殊情况。在这种情况下，税收增长率高的地区正是经济基础较强的地区，富裕地区比贫困地区得到的税收返还额多。税收返还照顾了富裕地区的既得利益，而不是缩小了贫富差距。从实际执行情况看，以 2004 年为例，在该年的税收返还中，东、中、西部比重分别为 56.9%、22.7%、20.4%，两税更多地返还到财政实力雄厚的地区。

恩施州税收返还占转移支付的比重，从 1994 年的 60% 下降到 2012 年的 4%，占当年恩施州可支配财力的 3%，占当年恩施州一般预算收入的 15.7%。税收返还收入对恩施州财政影响较低，对增加恩施州可用财力影响有限。

（二）一般性转移支付比例低

一般性转移支付的横向平衡绩效较差，实际上是有逆向调节的作用，不利于区域间差距的缩小，偏离均等化目标。同时，这种一般性转移支付规模偏小，调节能力有限。从所占比例看，1995 年一般性转移支付占转移支付比例 2005 年增加到 30%。同年，调整工资性转移支付、农村税费改革转移支付和取消农业特产税降低农业税税率转移支付，占中央转移支付的 14%，但这三项转移支付属于政策性转移支付，带有专项性质，地方政府无权灵活使用，不能增加地方政府的可支配财力。

从 1995 年起，恩施州一般性转移支付增长缓慢，直到 2003 年才开始较大幅度地增长。2003 年一般性转移支付占转移支付的比例达到 24%，2011 年为 44%。一般性转移支付在整个转移支付中处于从属地位，对于进一步增强民族自治地区的发展能力，推进民族自治地区地方政府公共服务能力的均等化具有限制作用，必须加大对民族自治地区财政一般性转移支付力度，更好地发挥一般性转移支付的平衡政府财力，提供公共服务的作用。

（三）专项转移支付分配不合理

要求地方财政给予资金配套的专项转移支付在实践中，也没有发挥出足够的均等化效应。专项转移支付没有与中央政府特定的政策目标相联系，即使个别针对民族自治地区的专项转移支付因为要求地方财政提供配套资金，民族自治地区也由于财力有限而选择放弃。即使接受，也是靠主观臆断来划拨，有部分甚至成为固定拨款。另外，专项转移支付主要靠项目申请、评估和批复来实现，往往出现重复设置、多头审批现象，与一般性转移支付缺乏合作与协调，致使效率降低。还因此造成"找关系"、"走门路"的不良风气，使资金流向关系户，而民族自治地区这些最需要的地方却得不到足够的专项补助。

专项转移支付在转移支付中，其资金规模远超一般性转移支付。恩施州专项转移支付中，最高规模为 2008 年，专项转移支付占转移支付的比重为 68%。这类转移支付对民族自治地区地方经济和社会建设起到了积极作用，但硬性规定地方必须配套相应的财政资金，加重了民族自治地区财政困难，同时导致弄虚作假并影响项目的落实。

（四） 资金运行路线单一

民族自治地区财政转移支付缺乏法律保障，资金的调拨和使用方法尚不规范。民族自治地区财政转移支付的法律保障，只有1995 年财政部制定的《过渡期财政转移支付办法》这一部规章，财政转移支付人为影响因素较大，转移支付资金调拨随意。在计算财政转移支付资金时立项审批不规范，使用缺乏事权依据。同时在转移支付资金的调拨上，实行单一的上级转移支付方式，即上级只对下级转移支付，更下级的转移支付则交由下级承担，加剧了基层财政的困难。

四、优化转移支付制度

（一） 调整转移支付结构

1. 逐步取消税收返还

税收返还的"逆均等化"效应十分明显，违背了基本公共服务均等化的目标。对于恩施州来说，税收返还近年来占转移支付的比重下降十分明显，2011 年仅占 4%。这里除中央财政收入占绝大部分外，与湖北省和恩施州对属于地方收入部分的增值税、所得税和营业税的分配体制有关。因此，对于税收返还，要么借鉴湖南湘西自治州的做法，省级政府不参与分配，全部留给地方；要么逐步取消税收返还。

2. 加大一般转移支付力度

作为分配方法客观及均等化效应明显的转移支付方式，增加一般性转移支付可以更好地实现基本公共服务的均等化。目前一般转移支付所占比例过小，应进一步提高其规模和比重。同时把税收返还并入一般性转移支付，通过对影响民族自治地区财政运行和财政健康的因素进行分析，计算出财政收支的调整方式。目前恩施州一般性转移支付所占比重相对较小，应进一步增加其比重，同时科学测定收支额度，完善一般性转移支付测算方法，尽量提高一般性转移支付的科学性和透明性。

3. 调整财力性转移支付

一般转移支付外的其他类型的转移支付都是因为中央出台某项政策导致地方财力不足引起的，或用于某些专项。这些转移支付只是一种过渡性措施，并没有制度化。专项转移支付是因为地方承担了本应由上级政府承担的大量"交叉性事权"而给予地方补助，也具有一定的基本公共服务"逆均等化"效应和"马太效应"。不需要配套资金的专项转移支付具有均等化效应，但会造成自治机关的盲目扩张或增加不需要的项目，甚至弄虚作假。专项转移支付的扩大抵消了财力性转移支付的均等化效应，应减少专项转移支付中需要的配套资金部分，增加不需要配套资金的专项转移支付比重，同时加强监管，防止滥用和非效率。

（二）规范转移支付分配方法

转移支付分配方法的规范，采用国际上比较成熟的因素评估法，运用模型对影响转移支付的因素进行动态分析和科学评估。强调因素选择的科学性，有限使用回归方法，避免历史发展的不合理性固化到模型。因素评估法要确保客观性，避免主观因素，突出自然条件差异和人口等主要的客观因素。完善我国转移支付制度，提高财政转移支付均等化绩效，可以用因素法代替基数法，在更大范围内使用。以公式化形式确定民族自治地区转移支付额度，能够规范转移支付分配方法，提高透明度和财政管理的科学化程度。

（三）合理的政策倾斜

民族自治地区在自然条件、地理分布、行政建制、社会经济发展、民族、宗教等因素方面带有特殊性，这些特殊性影响财政运行状况，使得财政支出成本相对较高，财政负担加重。长期以来，中央对民族自治地区一直实行照顾性财政政策。分税制实行后，照顾性财政政策只剩下转移支付这一项。从转移支付的制度设计看，对民族自治地区的特殊地理环境、社会经济及以往政策历史并没有充分加以考虑，使得民族自治地区在同等财力下，基本公共服务均等化难以实现。

对民族自治地区转移支付进行合理的倾斜，应根据财政运行状况，分阶段、分目标地实现。在改善财政运行状况的基础上，逐步提升基本公共服务供给能力。结合地区实际情况，提高财政收入汲取能力，再实现基本公共服务均等化。

参考文献

［1］蔡红英.中国地方间财政关系研究［M］.北京：中国财政经济出版社，2007.

［2］蔡自力等.促进中国可持续发展的财税政策［M］.北京：中国财政经济出版社，2006.

［3］陈宝森.西方财政理论研究［M］.北京：经济科学出版社，2005.

［4］陈全功，程蹊.民族地区基本公共服务均等化涵义、现状水平的衡量［J］.中南民族大学学报（人文社会科学版），2008，28（9）：97–102.

［5］陈云生.宪法人类学——基于民族、种族、文化集团的理论建构及实证分析［M］.北京：北京大学出版社，2005.

［6］陈志楣.中国县乡财政风险问题研究［M］.北京：人民出版社，2007.

［7］成军.地方财政收入预测模型及实证分析［J］.经济研究参考，2003，1760（88）：27–34.

［8］戴维·米勒，韦皮·波格丹诺·布莱克维尔.政治学百科全书［M］.邓正来译.北京：中国政法大学出版社，1992.

［9］戴小明.财政自治及其在中国的实践——兼论民族自治地方财政自治［J］.民族研究，2001（5）：19–25.

［10］戴小明.关于民族自治地方财政自治及其法律问题［J］.民族研究，1997（6）：8–17.

[11] 董承章，蒋东宇，娄正良.财政收入规模与结构的实证分析 [J].中央财经大学学报，2000（9）：27-32.

[12] 段晓红.从民族财政体制的演变论财政自治权的法律保护 [J].中南民族大学学报（人文社会科学版），2007，27（3）：131-135.

[13] 樊丽明，李齐云等.中国地方财政运行分析 [M].北京：经济科学出版社，2001.

[14] 樊丽明，王东妮.我国地方财政支出结构实证分析 [J].改革，2001（3）：71-80.

[15] 范亚舟，余兴厚，刘斌.边缘民族地区基本公共服务均等化水平低下的原因分析及对策研究 [J].四川经济管理学院学报，2010，21（1）：28-31.

[16] 方胜举.中国民族自治地方政府发展纲要 [M].北京：人民出版社，2007.

[17] 符大增.中国西部大开发的财政经济政策 [M].北京：经济科学出版社，2005.

[18] 高进水.影响我国地方财政健康运行的体制、政策因素分析及相关建议 [J].国家行政学院学报，2009（4）：62-67.

[19] 郭佩霞，朱明熙.民族地区公共产品供给探究 [J].新疆社会科学，2010（5）：70-73.

[20] 郭庆旺，吕冰洋，张德勇.财政支出结构与经济增长 [J].经济研究，2003（11）：5-12.

[21] 郭喜，黄恒学.基本公共服务均等化的民族地区公共产品供给 [J].山西大学学报（哲学社会科学版），2011，34（1）：115-120.

[22] 何茜华.财政分权中的公共服务均等化问题研究 [M].北京：经济科学出版社，2011.

[23] 姚学军，成军，郭玉清，李小棒.地方财政运行分析系

统 ［M］.北京：经济科学出版社，2003.

［24］胡书东.经济发展中的中央与地方关系——中国财政制度变迁研究 ［M］.上海：上海人民出版社，2001.

［25］黄佩华，迪帕克.中国：中国发展与地方财政 ［M］.北京：中信出版社，2003.

［26］黄燕等.地方公共财政发展研究 ［M］.北京：中国社会科学出版社，2007.

［27］吉洁.中国县乡财政体制改革研究 ［M］.北京：中国农业出版社，2008.

［28］贾康主编.地方财政问题研究 ［M］.北京：经济科学出版社，2004.

［29］金燕翔.论财政自治权 ［D］.内蒙古大学硕士学位论文，2008.

［30］贾亚男，赵国春.民族地区基本公共服务均等化的影响因素分析 ［J］.商业时代，2011 （13）：127-128.

［31］雷振扬，成艾华.民族地区各类财政转移支付的均等化效应分析 ［J］.民族研究，2009（4）：24-33.

［32］雷振扬，成艾华.民族地区财政转移支付的绩效评价与制度创新 ⌊M⌋.北京：人民出版社，2010.

［33］李朝鲜，陈志楣，李友元等.财政或有负债与财政风险研究 ［M］.北京：人民出版社，2008.

［34］李凤飞.中国财政支出结构优化分析 ［J］.经济研究导刊，2009，39 （1）：13-14.

［35］李建军，谢欣.地方财政健康与财政分权——基于湖北省县级数据的实证研究 ［J］.当代财经，2011，320 （7）：33-42.

［36］李俊清.民族地区公共产品的缺失与政策选择 ［J］.中国行政管理，2006，250 （4）：88-92.

［37］李学军，刘尚希.地方政府财政能力研究——以新疆维

吾尔自治区为例 [M]. 北京：中国财政经济出版社，2007.

[38] 李一花. 中国县乡财政运行及解困研究 [M]. 北京：社会科学文献出版社，2008.

[39] 梁积江. 民族地区公共财政保障制度创新研究 [M]. 北京：人民出版社，2009.

[40] 梁鹏：中国新一轮财税体制改革：目标与路径 [M]. 北京：经济科学出版社，2004.

[41] 刘爱芹，赵利. 地方财政收入与 GDP 的协调性研究——基于山东省的实证分析 [J]. 山东大学学报（哲学社会科学版），2008，(4)：89-95.

[42] 刘海英. 地方政府间财政关系研究 [M]. 北京：中国财政经济出版社，2006.

[43] 刘积斌. 我国财政体制改革研究 [M]. 北京：中国民主法制出版社，2008.

[44] 刘军民. 我国地方财政健康程度的评价分析与改进思路 [J]. 华中师范大学学报（人文社会科学版），2007，46 (2)：10-16.

[45] 刘玉平，胡兆峰. 地方财政支出与财政支出结构的优化——兼论我国公共财政改革之路 [J]. 中央财经大学学报，2001，(6)：7-12.

[46] 刘云龙. 民主机制与民主财政——政府间财政分工及分工方式 [M]. 北京：中国城市出版社，2001.

[47] 卢洪友，贾智莲. 中国地方政府财政能力的检验与评价——基于因子分析法的省际数据比较 [J]. 财经问题研究，2009，306(5)：82-88.

[48] 马国贤. 基本公共服务均等化的公共财政政策研究 [J]. 财政研究，2007 (10)：74-77.

[49] 马海涛，马应超. 从我国转移支付制度变迁看民族财政治理的路径 [J]. 中南民族大学学报（人文社会科学版），2009，29

（1）：132-137.

［50］马海涛.财政转移支付制度 ［M］.北京：中国财政经济出版社，2004.

［51］马昊.当代中国县级公共财政制度研究 ［M］.北京：中国经济科学出版社，2008.

［52］马栓友.政府规模与经济增长：兼论中国财政的最优规模 ［J］.世界经济研究，2000（11）：59-64.

［53］马应超，马海涛.从民族自治地区财政体质的历史性变迁看我国公共财政体制改革的路径选择 ［J］.财会研究，2008（11）：6-11.

［54］民族地区财政收入问题研究课题组.甘肃民族地区财政收入问题研究 ［J］.经济研究参考，2003，1762（90）：19-30.

［55］牛晶晶.民族自治地区财政自治权研究 ［D］.中央民族大学硕士学位论文，2007.

［56］邱聪江.财政体制视野下的基本公共服务均等化 ［J］.贵州大学学报 （社会科学版），2008，11（1）：165-167.

［57］沙安文，乔宝云.政府间财政关系——国际经验评述 ［M］.北京：人民出版社，2006.

［58］沙安义，沈春丽.财政联邦制与财政管理——中外专家论政府间财政体制 ［M］.北京：中信出版社，2005.

［59］沙安文，沈春丽.地方政府与地方财政建设 ［M］.北京：中信出版社，2005.

［60］尚长风.公共财政政策理论与实践 ［M］.南京：南京大学出版社，2005.

［61］尚元君，殷瑞锋.对地方政府财政收入能力影响因素的实证分析 ［J］.中央财经大学学报，2009（5）：12-15.

［62］沈玉平.公共选择理论与地方财政公共制度创新 ［M］.北京：中国财政经济出版社，2004.

［63］宋洪远.中国乡村财政与公共管理研究［M］.北京：中国财政经济出版社，2004.

［64］宋隽.关于民族自治地方财政自治权实现的困境与对策思考——以湖北省恩施自治州为例［J］.广西教育学院学报，2006，85（5）：96-98.

［65］孙长涛，李辉.基于经济增长的财政支出最优化［M］.北京：中国经济出版社，2006.

［66］孙群力.中国地方政府最优规模的理论与实证研究［J］.中南财经政法大学学报，2006，157（4）：18-22.

［67］谭建立，闫俊斌.论我国财政收入规模与结构的科学化及实现途径［J］.现代财经，2006，26（9）：9-12.

［68］谭彦红.民族自治地区基本公共服务均等化：现状评价与路径选择——兼评广西与其他地区的比较［J］.经济研究参考，2010，2313（41）：56-61.

［69］王德祥，李建军."省管县"财政改革与新农村建设问题研究［M］.武汉：武汉大学出版社，2010.

［70］王飞跃.公共政策与民族地区城乡统筹发展对策研究——以贵州省为例［M］.北京：经济科学出版社，2008.

［71］王军主编.中外专家谈地方财政建设［M］.北京：中国财政经济出版社，2006.

［72］王倩倩.健全事权与财力相匹配的民族自治地方财政体制［J］.地方财政研究，2008（6）：29-33.

［73］王玉玲.论民族地区财政转移支付制度的优化——基于历史和现实背景的分析［J］.民族研究，2008（1）：29-38.

［74］文政.中央与地方事权划分［M］.北京：经济科学出版社，2008.

［75］吴仕民.新时期民族区域自治制度与法制建设［M］.北京：民族出版社，2002.

［76］吴湘玲，邓晓婴.我国地方政府财政能力的地区非均衡性分析［J］.统计与决策，2006（8）：83-85.

［77］吴旭东，王建聪.财政转移支付对民族地区公共服务均等化效应分析［J］.经济与管理，2011，25（6）：77-81.

［78］项中新.均等化：基础、理念与制度安排［M］.北京：中国经济出版社，2000.

［79］肖毅敏主编.地方财政公共支出分析［M］.北京：中央文献出版社，2007.

［80］辛波.政府间财政能力配置问题研究［M］.北京：中国经济出版社，2005.

［81］许中正，苑广睿，孙国英.财政分权：理论基础与实践［M］.北京：社会科学文献出版社，2002.

［82］闫伟.地方政府理财论［M］.北京：经济科学出版社，2005.

［83］杨全社，郑健翔.地方财政学［M］.天津：南开大学出版社，2005.

［84］杨之刚等.财政分权理论与基层公共财政改革［M］.北京：经济科学出版社，2006.

［85］曾娟红，赵福军.促进我国经济增长的最优财政支出结构研究［J］.中南财经政法大学学报，2005，151（4）：77-81.

［86］张冬梅.民族地区财政支出结构及优化对策［J］.中央财经大学学报，2006（9）：15-19.

［87］张钢，段澈.我国财政支出结构与地方经济增长关系的实证研究［J］.浙江大学学报（人文社会科学版），2006，36（2）：88-94.

［88］张明喜.地方财政支出结构与地方经济发展的实证研究——基于聚类分析的新视角［J］.财经问题研究，2008，290（1）：80-86.

223

[89] 张效科. 民族地区公共产品与政府经济行为分析 [J]. 学术论丛，2009（22）：95-97.

[90] 张颖熙. 地方财政支出规模与地方经济增长的关系研究——基于 29 个省份面板数据分析[J]. 中国经济问题，2008（2）：26-31.

[91] 张志宏，李妍. 地方财政支出规模与经济增长的实证例析 [J]. 玉溪师范学院学报，2011，27（4）：34-42.

[92] 赵楠，成艾华. 财政转移支付在民族地区公共服务均等化中的效应及改进措施研究 [J]. 西南民族大学学报（人文社会科学版），2010（10）：146-149.

[93] 赵晓华. 推进少数民族地区基本公共服务均等化问题探析 [J]. 贵州民族学院学报（哲学社会科学版），2011，129（5）：43-46.

[94] 郑琳. 地方政府地位及财力配置问题研究 [M]. 北京：人民法院出版社，2008.

[95] 中南财经政法大学，湖北财政与发展研究中心，中国地方财政研究中心. 2007~2008 中国地方财政发展研究报告——地方财政支出结构优化研究 [M]. 北京：经济科学出版社，2008.

[96] 周仕雅. 财政层级制度研究——中国财政层级制度改革的互动论 [M]. 北京：经济科学出版社，2007.

[97] 朱红琼. 民族地区财政研究 [M]. 北京：经济科学出版社，2009.

[98] 朱红琼. 中央与地方财政关系及其变迁史 [M]. 北京：经济科学出版社，2008.

[99] 朱秋霞. 中国财政制度——以国际比较为角度 [M]. 上海：立信会计出版社，2007.

[100] 朱云欢. 地方财政支出结构与经济发展的关联性分析 [J]. 统计与决策，2008，256（4）：81-83.

［101］邹敏. 论民族区域自治权的渊与源［M］. 北京：中央民族大学出版社，2009.

［102］周中学. 民族区域自治地方财政自治权研究［D］. 新疆大学硕士学位论文，2010.

［103］D.A. Schauer. Is Public Expenditure Productive? ［J］. Journal of Monetary Economics，1998（23）：177–200.

［104］Barro Robert J.，Xanvier Sala–I–Martin. Public Finance in Models of Economic Growth［J］. Review of Economic Studies，1992（59）：645–661.

［105］Barro Robert J. Economic Growth in a Gross Section of Countries［J］. Quarterly Journal of Economics，1991（106）：407–444.

［106］Barro Robert J. Government Spending in a Simple Model of Endogenous Growth ［J］. Journal of Political Economics，1990（98）：103–125.

［107］Barro Robert J. Out Effects of Government Purchases［J］. Journal of Political Economics，1981（89）：1086–1121.

［108］D.Holtz–Eakin. Public–Sector Capital and the Productivity Puzzle ［M］. New York：Syracuse University Press，1991.

［109］D.Laudau. Goverment Expenditure and Economic Growth：Cross–Country Evidence［J］. Journal of Monetary Economics，1985（16）：124–135.

［110］Easterly，William，Sergio Rebelo. Fiscal Policy and Economic：An Empirical Investigation ［J］. Journal of Monetary Economics，1993（32）：417–458.

［111］Grierk，Tullock. An Empirical Analysis of Cross–National Economic Growth，1951–1980［J］. Journal of Monetary Economics，1989（24）：259–276.

［112］Hamid Davoodi，Heng–fu Zhou. Fiscal Decentralization

and Economic Growth: A Country Study [J]. Journal of Urban Economics, 1998 (43): 187–208.

[113] Hurst Hannum, Richard Lillich. The Concept of Autonomy in InternationalLaw [J]. American Journal of International Law, 1980 (74): 859.

[114] Karras, G. The Optimal Government Size Further International Evidence on the Productivity of Government Services [J]. Economic in Inquiry, 1996 (32): 193–204.

[115] Ladd, Helen F., Ying John. America's Ailing Cities: Fiscal Health and the Design of Urban Policy [M]. Maryland: The Johns Hopkins University Press, 1991.

[116] Lin J.Y., Z. Liu. Fiscal Decentralization and Economic Growth in China [J]. Economic Development and Cultural Change, 2000, 49 (1): 1–21.

[117] Qian Y., G. Roland. Federalism and the Soft Budget Constraint [J]. American Economic Review, 1985, 88 (5): 1143–1162.

[118] Richard K. Vedder, Lowell E. Gallaway. Government Size and Economic Growth [J]. A Joint Economic Committee Study, 1998 (22): 120–132.

[119] S. DevearaJian, V. Swaroop & Zhou. The Composition of Public Expenditure and Economic Growth [J]. Journal of Public Economics, 1996 (67): 221–240.

[120] Tim Potier. Conflict in Nagorno–Karabakh, Abkhazia and South Ossetia: A Legal Appraisal [M]. The Hague: Kluwer Law International, 2001 (54): 235–253.

[121] Vito Tanzi, Ludger Schuknecht. Public Spending in the 20th Centuery: A Globe Perspective [M]. Oxford: Cambridge University

Press，2000.

　　［122］ Ying John. On Fiscal Disparities Across Cities ［J］. Journal of Urban Economics，1986（19）：132-154.